असंभव कैसे करें संभव

सरश्री द्वारा रचित श्रेष्ठ पुस्तकें

1. इन पुस्तकों द्वारा आध्यात्मिक विकास करें

- नि:शब्द संवाद का जादू – जीवन की 111 जिज्ञासाओं का समाधान
- विचार नियम – आपकी कामयाबी का रहस्य
- विकास नियम – आत्मविकास द्वारा संतुष्टि पाने का राज़
- कर्मयोग नाइन्टी – हर एक की गीता अलग है
- The मन – कैसे बने मन : नमन, सुमन, अमन और अकंप
- आत्मबल प्राप्त करने की 5 शक्तियाँ
- ध्यान नियम – ध्यान योग नाइन्टी
- कैसे लें ईश्वर से मार्गदर्शन – जो कर हँसकर कर
- अभिमान से मुक्ति – नम्रता की शक्ति
- ए टू ज़ेड 26 सबक – 26 Lessons of life
- पहले राम फिर काम – भक्ति शक्ति रामायण पथ

2. इन पुस्तकों द्वारा स्वमदद करें

- आत्म–मनोबल प्राप्त करने की 7 शक्तियाँ
- मोह, अहंकार और बोरडम से मुक्ति – सूक्ष्म विकारों पर विजय
- भय, चिंता और क्रोध से मुक्ति – स्थूल विकारों से मुक्ति
- नींव नाइन्टी – नैतिक मूल्यों की संपत्ति
- स्वसंवाद का जादू – अपना रिमोट कंट्रोल कैसे प्राप्त करें
- संपूर्ण लक्ष्य – संपूर्ण विकास कैसे करें
- संपूर्ण सफलता का लक्ष्य
- निर्णय और ज़िम्मेदारी – वचनबद्ध निर्णय और ज़िम्मेदारी कैसे लें
- आलस्य से मुक्ति के 7 कदम

3. इन पुस्तकों द्वारा हर समस्या का समाधान पाएँ

- स्वास्थ्य के लिए विचार नियम – मनः शक्ति द्वारा तंदुरुस्ती कैसे पाएँ
- प्रार्थना–बीज – एक अद्भुत शक्ति
- सुनहरा नियम – रिश्तों में नई सुगंध
- स्वीकार का जादू – तुरंत ख़ुशी कैसे पाएँ

4. इन आध्यात्मिक उपन्यासों द्वारा जीवन के गहरे सत्य जानें

- मृत्यु पर विजय मृत्युंजय
- जीवन की नई कहानी मृत्यु के बाद – G1 का पार्ट टू
- स्वयं का सामना – हरक्युलिस की आंतरिक खोज

असंभव कैसे करें संभव

हातिम से सीखें साहस और निःस्वार्थ जीवन का राज़

बेस्टसेलर पुस्तक 'विचार नियम' के रचनाकार

सरश्री

MANJUL

मंजुल पब्लिशिंग हाउस

First published in India by

Manjul Publishing House

Corporate and Editorial Office
• 2nd Floor, Usha Preet Complex, 42 Malviya Nagar, Bhopal 462 003 - India
Sales and Marketing Office
• C-16, Sector 3, Noida, Uttar Pradesh 201301 - India
Website: www.manjulindia.com
Distribution Centres
Ahmedabad, Bengaluru, Bhopal, Kolkata, Chennai,
Hyderabad, Mumbai, New Delhi, Pune

Sirshree Tejparkhi asserts the moral right to be identified
as the author of this work

Asambhav Kaise Karen Sambhav by Sirshree Tejparkhi

This edition first published in India in 2016

ISBN   978-81-8322-714-8

Printed and bound in India by Repro India Limited

यह पुस्तक समर्पित है
ऐसे इंसानों (जैसे अर्जुन) को
जिन्होंने सही समय पर
सही सवाल उठाने का साहस किया।
उनके सवालों ने दुनिया को
विकास और तेज़ विकास का
पाठ पढ़ाया।

विषय सूची

पुस्तक का लाभ कैसे लें

प्रस्तुत पुस्तक आपके लिए ऐसे अमूल्य और अति महत्त्वपूर्ण 7–7 सवालों (वचनों) को सहेजकर लाई है, जो आपके जीवन की दिशा मोड़ देंगे। इन सवालों के जबाव आप अपने भीतर ही डुबकी लगाकर खोज पाएँगे, जिसके बाद आप प्रेम, आनंद, शांति, संपन्नता, स्वास्थ्य, मज़बूत, मधुर रिश्ते और सबसे महत्त्वपूर्ण स्वयं की पहचान प्राप्त कर पाएँगे। पुस्तक की विषय वस्तु का लाभ आप इस प्रकार ले सकते हैं :

1. पहले सात सवालों को विश्व प्रसिद्ध हातिमताई की कहानियों में गूँथकर खण्ड –1 में प्रस्तुत किया गया है। हातिमताई ने हुस्नबानो के सात सवालों को खोजा था। उसके हर सवाल के साथ आपको अपनी खोज के लिए एक सवाल मिलेगा, जिसे सवालाखी सवाल कहा गया है क्योंकि इनकी क़ीमत अनमोल है।

2. पुस्तक के दूसरे खण्ड में बाक़ी के सात सवाल संकलित किए गए हैं। इन्हें सवालाभी सवाल कहा गया है क्योंकि इनसे होनेवाले लाभ बाक़ी सारे लाभों से बढ़कर ही है।

3. हातिम की कहानी के मुख्य पात्र कौन हैं, इनके क्या अर्थ हैं और ये सभी पात्र हमारे भीतर ही किस तरह से मौजूद हैं, जानने के लिए पढ़ें – अध्याय 2।

4. दूसरे सवालाखी सवाल के साथ अध्याय 6 आपको मृत्यु और जीवन का रहस्य समझाएगा।

5. कर्मबंधन क्या हैं, ये कैसे बनते हैं और मिट सकते हैं, जानने के लिए अध्याय–8 पढ़ें।

6. अध्याय – 14 आपको बताएगा कि संसार में बाक़ी लोगों से रिश्ते निभाते हुए ऐसी कौन सी समझ रखें, जिससे आपको किसी भी रिश्ते से दुःख न हो, केवल आनंद ही मिले।

7. जीवन में समस्याएँ तभी आती हैं जब हमारा कुदरत से ताल-मेल बिगड़ जाता है। इस बिगड़े ताल-मेल को कैसे सही करें, जिससे जीवन में प्रेम, शांति और आनंद बना रहे, साथ ही सब कुछ सहजता से प्राप्त हो, जानिए खण्ड – 2 अध्याय – 17 से।

8. जिस मुक्ति के बारे में मान्यता है कि 'मरने के बाद ही मुक्ति मिलती है', उसे जीते जी और इसी क्षण कैसे प्राप्त करें, जानने के लिए पढ़ें खण्ड – 2, अध्याय – 22।

सवा लाख के 7 सवाल

कहानियों के अनेक आयाम होते हैं। कहानी सिर्फ़ वही नहीं कहती जो उसमें लिखा गया है। कहानी बहुत कुछ छिपा हुआ भी बयान करती है, बस ज़रूरत है उस छिपे हुए को सुनने की... समझने की...। इस पुस्तक में हातिम की कहानी के ऐसे ही छिपे हुए हिस्सों को उजागर किया जा रहा है, जिन्हें पढ़कर, समझकर आपके सामने नए-नए रहस्य खुलेंगे और ये रहस्य हातिम के नहीं बल्कि आपके अपने जीवन के होंगे।

आपने कभी न कभी हातिमताई का नाम तो सुना ही होगा। हातिम की कहानी विश्व प्रसिद्ध है जो आपको रहस्य, रोमांच और साहस की तिलस्मी दुनिया में ले जाती है। हातिम एक महान और साहसी योद्धा था मगर उसका हृदय प्रेम, करुणा, परोपकार, साहस और निःस्वार्थता की भावना से भरा हुआ था। कहानी के अनुसार उसने एक अपरिचित इंसान मुनीरशाह की ख़ातिर अनेक कठिनाइयों का सामना किया, अनेक बार अपना जीवन ख़तरे में डाला और अंततः हुस्नबानो नामक राजकुमारी से उसका मिलन कराया। इस तरह हातिम से बढ़िया और कौन किरदार हो सकता है, जो आपको साहसी और निःस्वार्थ जीवन जीने का राज़ सिखा सके।

वास्तव में हातिम, मुनीरशाह या हुस्नबानो ये तीनों किरदार आपके ही अंदर हैं, आप कब कौन सा किरदार निभा रहे हैं, यह आपको पुस्तक पढ़ने के साथ समझ में आएगा।

हातिमताई से हुस्नबानो ने सात सवाल पूछे थे जिनका जवाब उसने बड़े हौसले और साहस के साथ खोजा था। इस बार यह हौसला आपको दिखाना है। आपको इन सात सवालों को खोजना है पर एक अलग ढंग से। यह खोज जंगलों, पर्वतों, रेगिस्तानों पर की जानेवाली खोज नहीं है। यह होगी आपकी अपनी आंतरिक खोज। आप स्वयं के भीतर ही डुबकी लगाकर इन सात सवालों के छिपे जवाब खोज पाएँगे।

यह पुस्तक आपकी इस आंतरिक खोज में आपकी मार्गदर्शक बनेगी। इस खोज के दौरान आप वह सब कुछ पा सकते हैं, जिसे पाने के आप सपने देखते हैं – प्रेम, आनंद, शांति, संपन्नता, स्वास्थ्य, मज़बूत मधुर रिश्ते... और सबसे ज़रूरी आप स्वयं की पहचान प्राप्त कर पाएँगे। आप जान पाएँगे कि वास्तव में आप कौन हैं और आपके जीवन का क्या उद्देश्य है? यह खोज आपको अपने जीवन के सर्वोच्च लक्ष्य 'स्वअनुभव' देने की क्षमता रखती है, बशर्ते आप पूरी ईमानदारी और सूक्ष्मता से इस खोज को पूरा करें।

क्या आप जानते हैं कि जीवन के किसी भी क्षेत्र में विकास करने के लिए सबसे पहले किया जानेवाला जरूरी काम कौन सा है? वह है – सही समय पर और सही तरीक़े से सही सवाल पूछना। आप सवाल पूछने की क्रिया को मामूली न समझें। यह आपको जगानेवाली क्रिया है।

सवाल पूछने के बाद आपकी सोच का पूरा तरीक़ा ही बदल जाता है। उसे नई दिशा मिल जाती है। यदि सही समय, सही जगह पर, सही तरीक़े से, सही सवाल पूछा जाए तो आप न केवल समस्या का हल पा सकते हैं बल्कि पूर्ण मुक्ति की अवस्था (स्वअनुभव) तक भी पहुँच सकते हैं। यह सवाल की शक्ति है। जिन्होंने सही सवाल पूछे हैं, वे मुक्त हुए हैं।

आपका सवाल ऐसा होना चाहिए कि उलझन की सारी धुँध समाप्त हो जाए और आपको सामने का रास्ता स्पष्ट दिखने लगे। जब आप ऐसे सवाल पूछते हैं तो जवाब अंदर से, स्रोत (सेल्फ़) से आते हैं। सवाल पूछने के बाद शांत होकर उसे सुनें, जवाब ज़रूर मिलेगा और आगे का मार्ग खुलेगा।

सवाल तीन तरह के होते हैं, पहला –'ग़लत सवाल', जो हमारे जीवन में दुःख का निर्माण करते हैं। जैसे – 'ऐसा मेरे साथ ही क्यों होता है... दुर्भाग्य कब मेरा पीछा छोड़ेगा...' आदि। दूसरा – 'सही सवाल', जो हमारे जीवन में सुख–सुविधा लाते हैं, हमें कठिनाइयों से बाहर निकालते हैं। जैसे यदि कोई कठिन काम करने को मिल जाए तो बजाय यह कहने कि 'मुझसे नहीं होगा' या 'लोग समझते क्यों नहीं?' सही सवाल है, 'यह काम कैसे हो सकता है?'

तीसरे प्रकार के सवाल सबसे क़ीमती और शक्तिशाली सवाल होते हैं। ये हैं : 'सवा लाखी सवाल', जो हमें सही राह दिखाते हैं। हमसे उच्चतम चुनाव करवाते हैं। हमें आत्मसाक्षात्कार (स्वअनुभव) की ओर ले जाते हैं। 'अब मैं कौन हूँ... (who am I now)' ऐसा ही सवालाखी सवाल है, जो हमें सही कर्म करने हेतु प्रेरित करेगा।

इंसान अपने कर्मों से नक्षत्रों का स्थान, अपना भविष्य बदल सकता है। असंभव लगनेवाला कार्य संभव कर सकता है। हातिम ने भी अपने साहस और अव्यक्तिगत जीवन द्वारा यह करके दिखाया। वरना आम धारणा है कि इंसान के नक्षत्र उसे चलाते हैं, उसका भाग्य निर्धारित करते हैं। लेकिन विचार शक्ति द्वारा इंसान अपनी ग्रह दशा बदल सकता है। आप भी यह कर सकते हैं। हातिम से सीखें असंभव संभव करने का राज़।

इस पुस्तक में आपके लिए सात सवालाखी सवाल दिए गए हैं, जो जागृत लोग अनजाने में ही सही मगर सदा इस्तेमाल करते हैं (7 Questions of highly aware people)। ये 7 सवाल अब आपको इस्तेमाल करने हैं, जो आपकी आंतरिक खोज को सही दिशा देकर आपको पूर्ण मुक्ति की अवस्था में ले जाएँगे।

तो आइए, हातिम बनकर सात सवालाखी सवालों के साथ आंतरिक खोज का शुभारंभ करके साहस और निःस्वार्थ जीवन प्राप्त करें, जिसका स्वाद चखने के बाद बनेगा असंभव संभव।

...सरश्री

खण्ड – 1

अध्याय 1

'अंतिम हाँ' की यात्रा

परोपकार जीवन का आदर्श

एक समय की बात है, यमन देश में बड़ा ही दयालु, परोपकारी और प्रजा का ध्यान रखनेवाला राजा राज्य करता था। उसकी अच्छाइयों के कारण प्रजा उससे बहुत प्रेम करती थी। उस राजा के पास सब कुछ था फिर भी वह दुःखी था, कारण वह निःसंतान था। राजा और उसकी पत्नियाँ रोज़ अल्लाह से संतान के लिए दुआ करते थे।

आख़िरकार एक दिन उनकी दुआ कुबूल हुई और राजा की सबसे प्रिय पत्नी ने एक बालक को जन्म दिया। पूरे राज्य में ख़ुशियों और उत्सवों की लहर दौड़ गई। उस बालक का नाम हातिम रखा गया।

एक रात की बात है, शिशु हातिम के दूध पीने का समय था मगर अनेक प्रयत्न करने पर भी उसने दूध नहीं पिया। इस बात से परेशान होकर राजा ने एक सिद्ध फ़कीर को बुलाकर इसका कारण पूछा। फ़कीर ने बताया – 'हे राजा, हातिम की रूह बड़ी ही उदार, निःस्वार्थी और करुणा करनेवाली है। यह पहले दूसरों का सुख सुनिश्चित करती है, फिर अपना। जब तक आपके राज्य में एक भी बच्चा ऐसा है जिसे दूध नसीब नहीं है तब तक हातिम दूध नहीं पिएगा। अतः पहले सभी बच्चों के लिए भरपूर दूध और अन्न की व्यवस्था कराइए तभी हातिम को सुकून मिलेगा।'

इस तरह हातिम ने अपनी उदारता, करुणा, निःस्वार्थ भावना का

बचपन से ही परिचय देना शुरू कर दिया था।

धीरे-धीरे हातिम बड़ा होने लगा और आकर्षक नवयुवक में तब्दील होने लगा। अपने गुणों के कारण वह प्रजा में बहुत लोकप्रिय था। उसके दिल में जानवरों के प्रति भी बहुत प्रेम और करुणा थी। यहाँ तक कि वह जानवरों की बातें भी समझ लेता था। हिंसक जानवर भी उसके सामने पालतू जानवर की तरह व्यवहार करते थे।

दूसरे का दुःख हातिम का दुःख बन जाता था। दूसरे की ख़ुशी हातिम की ख़ुशी होती थी। दूसरों की सहायता के लिए वह किसी भी हद तक जा सकता था। यहाँ तक कि वह अपनी जान भी दाँव पर लगा सकता था। साहस, परोपकार और निःस्वार्थ भावना ही हातिम के जीवन का आदर्श थे।

मुनीरशाह की व्यथा

एक बार की बात है, हातिम किसी जंगल से गुज़र रहा था तभी उसकी नज़र एक पेड़ के नीचे बैठे फटेहाल और दुःखी इंसान पर पड़ी। उसकी आँखों में आँसू और पैरों में काँटे थे। हातिम के मन में उसे देखकर करुणा उमड़ पड़ी। वह उस व्यक्ति के पास रुक गया और उसके दुःख का कारण पूछने लगा।

उस व्यक्ति ने हातिम को बताया कि वास्तव में वह शाम देश का राजकुमार मुनीरशाह है। उसकी यह हालत हुस्नबानो नामक राजकुमारी के प्रेम में हुई है। इसके बाद मुनीरशाह ने हातिम को सारी आपबीती सुना दी।

हुस्नबानो एक बेहद सुंदर और गुणी राजकुमारी थी। उसके माता-पिता की मृत्यु हो चुकी थी और उसके पिता के मित्र राजा ने उसकी परवरिश की थी। हुस्नबानो को एक दाई माँ ने पाला था, जो उसका भला-बुरा अच्छे से समझती थी।

जब हुस्नबानो बड़ी हुई तो दाई माँ ने उसको विवाह करने के लिए कहना शुरू किया। मगर हुस्नबानो हमेशा मना कर देती क्योंकि उसे संदेह

था लोग उसकी सुंदरता और भव्यता देखकर, लालच में आकर उससे विवाह करेंगे। हुस्नबानो को सच्चे प्रेम की तलाश थी। वह चाहती थी कि उसका जीवनसाथी उसकी धन-दौलत के कारण नहीं बल्कि उसके प्रेम के कारण उससे विवाह करे। अतः उसने निश्चय किया हुआ था कि वह अविवाहित रहकर दीन-दुखियों की सेवा और नेकी के कार्यों में ही अपना जीवन समर्पित करेगी।

एक दिन दाई माँ ने हुस्नबानो को समझाया, 'एक तरीक़ा है जिससे तुम्हारा संदेह समाप्त हो जाएगा। हम तुम्हारे विवाह की एक शर्त रखेंगे और उस शर्त को वही इंसान पूरा कर सकेगा, जिसे तुमसे सच्चा प्रेम होगा। बाक़ियों की उस शर्त को पूरा करने की हिम्मत ही नहीं पड़ेगी। क्योंकि सच्चे प्रेम में ही ऐसा हौसला होता है, जो बड़ी से बड़ी कठिनाइयों को पार कर जाता है।'

हुस्नबानो ने आश्चर्य से पूछा, 'ऐसी कौन सी शर्त होगी?' दाई माँ ने कहा, 'हम उस व्यक्ति से सात सवाल पूछेंगे यदि वह उन सवालों के जवाब खोजकर ले आया तो ही उसका तुमसे विवाह होगा अन्यथा नहीं। इन सवालों के जवाब खोजने के लिए उसे बहुत कठिन परीक्षाओं और मुसीबतों का सामना करना पड़ेगा। यदि वह वास्तव में तुमसे प्रेम करता होगा तो उन सभी कठिनाइयों को हँसते-हँसते झेलकर तुम्हें पाने की शर्त पूरी करेगा।' हुस्नबानो को दाई माँ की बात तर्कसंगत लगी और वह शर्त रखने के लिए तैयार हो गई।

उधर, हुस्नबानो की सुंदरता और भव्यता के किस्से मुनीरशाह तक भी पहुँचे, जिन्हें सुनकर अपने एक चित्रकार मित्र को हुस्नबानो का चित्र बनाकर लाने के लिए कहा। वह चित्रकार लम्बा सफ़र तय कर हुस्नबानो के पास पहुँचा और उससे निवेदन किया कि वह उसका एक चित्र बनाकर उसके सामने अपनी कला का प्रदर्शन करना चाहता है। पर हुस्नबानो ने उसके सामने आने के लिए मना कर दिया क्योंकि अपरिचितों के सामने आना शाही राजकुमारियों की परंपरा के विरुद्ध था।

इस पर चित्रकार ने एक युक्ति निकाली। उसने हुस्नबानो से कहा,

'यदि आप अपने महल झरोखे पर खड़ी होकर नीचे रखे पानी के बड़े बर्तन में देखें तो उसमें आपका प्रतिबिम्ब उभरेगा, जिसे देखकर मैं आपका चित्र बना लूँगा। वह चित्र मैं आपको ही भेंट कर दूँगा अपने पास नहीं रखूँगा। इस तरह से मेरी कला का भी प्रदर्शन हो जाएगा और आपकी परम्परा भी नहीं टूटेगी।'

हुस्नबानो ने चित्रकार का अनुरोध स्वीकार कर लिया। चित्रकार ने चित्र बनाया तो हुस्नबानो उसके हुनर की दाद देने लगी। उसने चित्रकार को उसकी कला के लिए सम्मानित किया और वह ख़ुशी-ख़ुशी वापस लौट आया।

वास्तव में चित्रकार ने चालाकी से हुस्नबानो के दो चित्र बना लिए थे। जिनमें से एक वह छिपाकर अपने मित्र मुनीरशाह के लिए ले आया था।

मुनीरशाह उस चित्र को देखकर हुस्नबानो के प्रेम में पागल हो गया और उससे मिलने के लिए निकल पड़ा। हुस्नबानो के शहर पहुँचते पहुँचते रास्ते की कठिनाइयों के कारण मुनीरशाह की हालत ख़राब हो गई मगर उसने हार नहीं मानी। आख़िरकार वह हुस्नबानो से मिलने में कामयाब हो गया।

हुस्नबानो ने एक पर्दे के पीछे से मुनीरशाह से बात की। मुनीरशाह ने हुस्नबानो को अपना परिचय दिया, 'हे राजकुमारी मैं शाम देश का राजकुमार हूँ। मैं तुमसे मिलने के लिए बहुत मुसीबत झेलते हुए, हजारों मील पैदल चलकर आया हूँ। मैं तुमसे बहुत प्रेम करता हूँ और तुमसे विवाह की इच्छा रखता हूँ। मैं तुमसे वादा करता हूँ कि तुम्हें दुनिया के सारे सुख दूँगा, बहुत प्यार और सम्मान

दूँगा। अगर तुमने मेरा विवाह प्रस्ताव स्वीकार नहीं किया तो मैं यहीं तुम्हारी चौखट पर प्राण त्याग दूँगा।'

हुस्नबानो को मुनीरशाह की बातों में सच्चाई नजर आई। अतः वह विनम्रता से बोली, 'राजकुमार, मुझे तुम्हारे प्रेम पर कोई संदेह नहीं। मगर मैंने अपने विवाह की एक शर्त रखी है। जो भी इस शर्त के पूरी करेगा, उसी से मैं विवाह करूँगी।' शर्त की बात सुनकर मुनीरशाह की आँखों में चमक आ गई। उसे पूरा यक़ीन था कि हुस्नबानो के लिए वह कठिन से कठिन शर्त पूरी कर सकता है।

'मुझे जल्दी से वह शर्त बताओ, मैं उसे तुरंत पूरी करूँगा।' मुनीरशाह ने अधीरता से कहा।

'शर्त यह है कि जो इंसान मेरे सात सवालों के जवाब लाकर देगा, मैं उसी से विवाह करूँगी। अगर तुम ऐसा कर पाते हो तो मैं तुमसे निश्चित ही विवाह कर लूँगी।'

जब मुनीरशाह ने बड़ी बेताबी से हुस्नबानो से पहला सवाल पूछा तो उसने पहला सवाल बताया, **'एक बार देखा है, फिर से देखने की तमन्ना है, ये बात किसने और क्यों कही थी?'** मुनीरशाह को सवाल बड़ा अटपटा लगा मगर फिर भी वह उसके जवाब की खोज में निकल पड़ा। उसने जंगल... रेगिस्तान सब छान मारे मगर इस सवाल के बारे में उसे कुछ भी पता नहीं चला। हार कर वह जंगल में एक पेड़ के नीचे बैठकर रोने लगा... और उस हाल में हातिम की नज़र उस पर पड़ी।

मुनीरशाह की करुण कहानी सुनकर हातिम का मन द्रवित हो उठा। उसने मुनीर को सांत्वना देकर, उसकी मदद करने का वचन दिया। हातिम ने कहा, 'तुम मुझे हुस्नबानो के देश ले चलो। मैं उसके सारे सवालों का हल खोजकर उसका विवाह तुमसे कराऊँगा।' इस तरह दोनों हुस्नबानो के देश चल पड़े।

अध्याय 2

हातिम कौन, तुम कौन?

हुस्नबानो और दाई माँ का रहस्य

किसी भी कहानी में अनेक किरदार होते हैं और हर किरदार में कुछ विशेष गुण होते हैं। उनकी एक अलग अवस्था होती है, जिनके लिए वे जाने जाते हैं। उदाहरण के लिए *रामायण* की कहानी में श्रीराम सत्य एवं मर्यादा के और कैकेयी कपट की प्रतीक है। *महाभारत* की कहानी में भीष्म वचनबद्धता के, दुर्योधन बुरी बुद्धि और कर्ण दानी स्वभाव का प्रतीक है। हरक्युलिस का किरदार साहस एवं वीरता के लिए और महात्मा गांधी अहिंसा के लिए जाने जाते हैं।

वास्तव में हम भी अपने जीवन में समय-समय पर अलग-अलग किरदारों को जीते हैं। इंसान की अनगिनत मनोदशाएँ हो सकती हैं। किसी विशेष क्षण में हमारी जैसी अवस्था होती है या हम पर जो गुण हावी होता है, समझिए हम उससे जुड़ा किरदार बन जाते हैं। हर कहानी एक तरह से हमारी अपनी ही कहानी होती है।

जब हम अपनी कही बात का पूरी दृढ़ता से पालन करते हैं तब उस समय हम भीष्म हैं और जब किसी अपने के प्रति ही ईर्ष्यालु हो जाते हैं तब हम दुर्योधन हैं। इसी तरह हातिमताई की कहानी के तीनों किरदार हातिम, मुनीरशाह और हुस्नबानो भी वास्तव में हमारी अपनी ही अलग-अलग अवस्थाएँ हैं, कैसे? आइए, जानते हैं।

मुनीरशाह – खोजी की आरंभिक अवस्था

एक इंसान अपना जीवन सहजता और सुख से जीना चाहता है मगर कभी-कभी उसके सामने ऐसी परिस्थितियाँ आ जाती हैं, जो उसे हिला देती हैं। उसके भीतर एक नया चिंतन उभरता है, कुछ सवाल खड़े होते हैं, जैसे – 'ये जीवन क्या है… क्यों है… इसका अर्थ क्या है… हम पृथ्वी पर क्या सिर्फ़ खाने, पीने, सोने, कमाने… इन्हीं बातों के लिए आए हैं या इसका कोई और सार्थक उद्देश्य है?' ऐसे सवाल, सवालाखी सवाल होते हैं, जो इंसान के जीवन की दिशा बदलते हैं, उसे अध्यात्म से जुड़ने के लिए प्रेरित करते हैं।

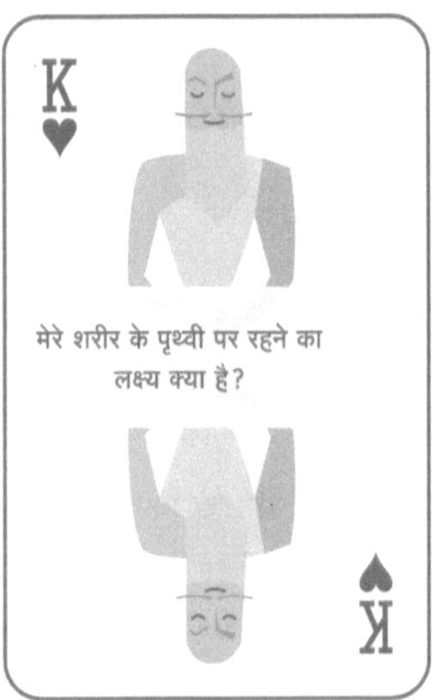

ऐसे में ईश्वर कौन है, कैसा है, कहाँ रहता है… उसका इंसान से क्या संबंध है? वह धीरे-धीरे इन बातों को समझने लगता है। उसमें ईश्वर के प्रति प्रेम जगता है और ईश्वर प्रेम के आगे उसे सांसारिक सुख, भोग-विलास छोटे नज़र आने लगते हैं। वह ईश्वर को पाने के प्रयास शुरू करता है। कुल मिलाकर कहें तो इंसान सत्य का खोजी बन जाता है। कहानी में मुनीरशाह ऐसे ही खोजी का किरदार है।

कहानी के अनुसार मुनीरशाह एक राजकुमार है। उसे संसार की सारी सुख-सुविधाएँ उपलब्ध हैं। वह ख़ुशी-ख़ुशी अपना जीवन जी रहा है। एक दिन उसके कानों में हुस्नबानो की ख़ूबसूरती के किस्से पड़ते हैं और वह उसके बारे में जानने, उसे देखने के लिए उत्सुक हो उठता है। इस समय मुनीरशाह खोजी की आरंभिक अवस्था का प्रतीक है, जिसके मन में कहीं से देख-सुनकर सत्य के प्रति उत्सुकता जगी है।

हुस्नबानो – प्रतीक है सेल्फ़ की

हुस्नबानो प्रतीक है सेल्फ़ की, जिसे परम चैतन्य, ईश्वर, अल्लाह, ओंकार, परमात्मा आदि नामों से भी जाना जाता है। इंसान के मन में कहीं न कहीं से उस अनदेखे... बेपहचाने ईश्वर को जानने की उत्सुकता जगती है, जिससे वह खोजी बनता है। जिन लोगों के भी द्वारा मुनीरशाह (खोजी) तक हुस्नबानो (सेल्फ़) के किस्से पहुँचे, समझिए वे सत्यमुख थे। सत्यमुख उन लोगों को कहा जाता है, जो किसी इंसान के मन में अपनी बातों या कर्मों के द्वारा सत्य के प्रति जिज्ञासा जगाते हैं।

कहानी में मुनीरशाह का वह चित्रकार मित्र उसके लिए ऐसे ही सत्यमुख की भूमिका निभाता है। वह उसे हुस्नबानो का चित्र लाकर देता है, जिससे मुनीरशाह (खोजी) के मन में हुस्नबानो (सेल्फ़) को पाने की तीव्र प्यास जगती है और वह सब कुछ छोड़कर उसे खोजने निकल पड़ता है। यह वह अवस्था है जब इंसान के मन में ईश्वर के प्रति अनन्य भक्ति जगती है। वह खोजी से भक्त बनता है। हेड से हार्ट (दिमाग से हृदय) पर उतरता है। अपने आराध्य ईश्वर को पाने के लिए न संसार की परवाह करता है, न मुसीबतों की...। मीरा, सूरदास, चैतन्य महाप्रभु आदि भक्तों ने अपने चरित्र में मुनीरशाह की इसी अवस्था को दर्शाया है।

हुस्नबानो के सात सवालाखी सवाल

कहानी में हुस्नबानो ने अपने विवाह की शर्त रखी थी। सात सवालों के जवाब खोजने की शर्त। जो उसके सवालों के जवाब खोज लेगा, वह उसे पा लेगा। ये ऐसे सवाल थे जिनका जवाब पाने के लिए इंसान को अनेक परीक्षाओं और कठिनाइयों का सामना करना पड़ेगा। अपनी पात्रता और चेतना को बहुत ऊँचे स्तर तक ले जाना होगा तभी वह हुस्नबानो के योग्य बनेगा।

अब यदि इस कहानी को खोजी और सेल्फ़ की दृष्टि से देखा जाए तो सारी बात स्पष्ट हो जाती है कि सेल्फ़ से मिलने के लिए खोजी को कुछ पात्रता तैयार कर, चेतना का स्तर बढ़ाना पड़ता है। साथ ही कुछ सवालों

पर सूक्ष्मता से मनन करना ज़रूरी होता है।

सेल्फ़ या कुदरत इंसान के सामने समय-समय पर कुछ सवाल खड़े करती हैं, जो उसके जीवन को यू टर्न देते हैं, एक अलग दिशा में आगे बढ़ाते हैं। उदाहरण के लिए विभिन्न दुःखद दृश्यों को देखकर राजकुमार सिद्धार्थ के भीतर यह सवालाखी सवाल उठा, 'दुनिया में इतना दुःख क्यों है और इन दुःखों से मुक्ति का क्या कोई उपाय है?' वरना उन दृश्यों को तो न जाने कितने लोगों ने देखा होगा मगर किसी और के मन में ऐसे सवाल नहीं उठे, जो सिद्धार्थ के भीतर उठे। इस एक सवाल के उठने पर वे जवाब खोजने निकल पड़े। जवाब खोजने की यात्रा में उनके शरीर ने अनेक दुःख झेले, तप-साधनाएँ की, ज्ञान प्राप्त किया और जिस दिन उनकी जवाब पाने की पात्रता तैयार हुई, उसी दिन उन्हें आत्मसाक्षात्कार हुआ। उन्हें उनके सभी सवालों के जवाब मिल गए, जिन्हें आज हम भगवान बुद्ध के नाम से जानते हैं।

संत ज्ञानेश्वर के परिवार पर जब समाज ने भरपूर अत्याचार किए और उनके माता-पिता ने देहांत प्रायश्चित कर लिया तो उनके मन में सवाल उठा, 'आख़िर समाज उनके प्रति इतना निर्दयी क्यों है?' उन्हें उनके गुरु निवृत्तिनाथ द्वारा समझ मिली कि समाज के इस व्यवहार का कारण उनका अज्ञान है। तब उनके भीतर सवाल उठा, 'इस अज्ञान को कैसे दूर किया जाए ताकि जो हमारे साथ हुआ भविष्य में किसी और के साथ न हो?' और इस सवाल ने उनके जीवन को एक नया अव्यक्तिगत लक्ष्य दिया। उसके बाद उन्होंने पूरा जीवन निःस्वार्थ भावना से जीकर समाज में ज्ञान और भक्ति की जोत जगाई।

सवालों का स्रोत भीतर भी और बाहर भी

कहानी में हुस्नबानो को सवाल सुझानेवाली दाई माँ हमारे अंदर की ही इनट्यूशन (अंदर की आवाज़) का प्रतीक है। परिस्थितिवश इंसान की अपनी ही आंतरिक आवाज़ उसके सामने कुछ सवाल खड़े करती हैं, जैसे गौतम बुद्ध और संत ज्ञानेश्वर के साथ हुआ।

कभी-कभी कुदरत को सवाल बाहरी माध्यमों के द्वारा भी भेजने पड़ते हैं ताकि इंसान जाग सके जैसे ऋषि वाल्मीकि के साथ हुआ। उनका जीवन बदलनेवाला सवालाखी सवाल नारद के माध्यम से उठा। तुलसीदास के जीवन की दिशा उनकी पत्नी के सवालों ने बदली। गुरु अकसर सोए हुए खोजियों से सवाल पूछ-पूछकर ही उन्हें अज्ञान की नींद से जगाते हैं।

सवाल भीतर से उठे हों या बाहर से आए हों, उनका स्रोत एक ही है, वह है – सेल्फ़। हमारे जीवन को सही दिशा देने के लिए वही कुछ सवाल उठाता है और हमें उनके जवाब खोजने के लिए मज़बूर कर देता है। वही हमसे जवाब के लिए प्रार्थनाएँ करवाता है, जिससे हम ग्रहणशील बनकर विश्वास तथा सब्र रखना सीखते हैं। वही सेल्फ़ हम तक किसी न किसी माध्यम के द्वारा जवाब भी पहुँचाता है।

हर सवाल अपना जवाब लेकर पैदा होता है

जब हमारे हृदय से अर्थपूर्ण सवाल उठते हैं तो कुदरत की तरफ़ से उसका जवाब भी हमारी ओर चल पड़ता है मगर यह बात हमें मालूम ही नहीं होती। हर सवाल अपना जवाब लेकर ही पैदा होता है। सवाल पूछते ही जवाब अपनी जगह से आना शुरू हो जाता है। मगर हम तक पहुँचने के बीच में एक अंतराल होता है। वह अंतराल सब्र और आश्चर्य के साथ प्रतीक्षा से गुजारना है। उस समय में आपको सच्ची उम्मीद रखनी है, सकारात्मक रहकर जवाब के प्रति ग्रहणशील रहना है और अपने कर्म में तत्पर रहना है। जैसे हातिमताई ने किया।

सवाल–जवाब हमारे ही भीतर

वास्तव में सवाल–जवाब का सारा खेल सेल्फ़ का ही है। जो लोग अपने भीतर के सेल्फ़ से सीधे जुड़े हुए हैं, उन्हें जवाब के लिए इतना घूमने–फिरने की ज़रूरत नहीं होती, वे सीधे सेल्फ़ से ही जवाब सुन लेते हैं। मगर जब तक इंसान की इतनी तैयारी नहीं है कि वह सीधा सेल्फ़ की सुन सके तब तक सेल्फ़ बाहरी माध्यमों को निमित्त बनाकर जवाब भेजता है। वह किसी इंसान, दृश्य, किसी की कही बात, स्वप्न, कोई पुस्तक, गुरु आदि के द्वारा जवाब भेजता रहता है।

हातिम – सेल्फ़ को 'अंतिम हाँ'

कहानी में हातिम ऐसे निःस्वार्थी और साहसी इंसान का किरदार है, जो कभी किसी की सहायता करने से नहीं चूकता। किसी को पीड़ा या परेशानी में देखा तो हातिम को मदद करनी ही करनी है। वहाँ कोई दूसरा विचार, संदेह, शक या उलझन नहीं है कि 'इसमें मेरा क्या फ़ायदा होगा... कहीं यह परोपकार मुझ पर भारी न पड़ जाए... कहीं मुझे कुछ न हो जाए...।' चाहे जान चले जाने की भी संभावना हो मगर हातिम अपने स्वभाव से पीछे नहीं हटेगा।

इस तरह हम कह सकते हैं कि 'हातिम' का अर्थ हुआ – 'हाँ–अंतिम'। अर्थात सेल्फ़ को 'अंतिम–हाँ।' 'अंतिम–हाँ' एक ऐसी अवस्था है, जिस पर पहुँचने के बाद फिर 'ना' नहीं है। कुछ लोग जो इस अवस्था पर पहुँच जाते हैं, वे किसी भी हाल में अपने आदर्शों से समझौता नहीं करते। जब इंसान के अंदर सेल्फ़ के लिए हमेशा 'हाँ' ही निकलती है तो समझिए वह 'हातिम' बन गया।

एक बार सिद्धार्थ गौतम कहीं जा रहे थे। उन्होंने देखा कि राजा के सैनिक एक जानवर को बलि देने के लिए ले जा रहे हैं। बलि इसलिए दी जा रही थी ताकि राज्य में सुख–समृद्धि बढ़े। उस समय सिद्धार्थ गौतम को आत्मसाक्षात्कार नहीं हुआ था किंतु उनकी अवस्था हातिम (अंतिम हाँ) की ही थी। सिद्धार्थ गौतम के सिद्धांत थे, 'किसी भी प्राणीमात्र का दुःख

दूर करने के लिए निःस्वार्थ भाव से अपना जीवन तक बलिदान कर दो।' उन्होंने सैनिकों से उस जानवर को छोड़ने की विनती की। सैनिक नहीं माने तो सिद्धार्थ गौतम ने कहा, 'यदि एक जीवन की बलि देने से ही तुम्हारे राज्य में समृद्धि आएगी तो मेरी बलि दे दो मगर इस जानवर को छोड़ दो।'

यही है सेल्फ़ को 'अंतिम हाँ' जहाँ इंसान का सबसे बड़ा डर मृत्यु पर भी विजय पा ली जाए। मीरा ने इसी अवस्था में ख़ुशी-ख़ुशी ज़हर का प्याला पिया मगर भक्ति नहीं छोड़ी।

'अंतिम हाँ' – कभी 'हाँ', कभी 'ना' से परे

खोजी जब तक हातिम (अंतिम हाँ) की अवस्था प्राप्त नहीं कर लेता, उसके जीवन में कभी हाँ-कभी ना चलता रहता है। सामने ऐसे हालात आते हैं कि वह सेल्फ़ को न चाहते हुए भी 'ना' कर देता है। जैसे सामने कुछ लालच आ जाता है जो छोड़ते नहीं बनता। उदाहरण के लिए मन में भक्ति है, खोजी ध्यान में बैठना चाहता है मगर क्या करे टी.वी. पर क्रिकेट का फ़ाइनल मैच चल रहा है और उसी समय गुरु ने ध्यान के लिए बुला लिया है तो अब उसका मन कभी 'हाँ' कभी 'ना' के बीच झूलने लगता है।

एक काम पूरी प्रक्रिया से करने में मुश्किलें आ रही हैं, दूसरी तरफ़ रिश्वत देकर जल्दी काम कराने का शॉर्टकट तरीक़ा नज़र आ रहा है, जो सुविधाजनक लग रहा है। सुबह जल्दी उठकर ध्यान करने के लिए घड़ी में अलार्म लगाया है मगर बिस्तर की गरमाहट छोड़े नहीं छूट रही। सामनेवाला कुछ भला-बुरा कह रहा है, गुरु ने सिखाया है कि क्षमा करो और आगे बढ़ जाओ मगर मन पलटकर दो की चार सुनाने को उकसा रहा है। ऐसी स्थिति में आपका चुनाव आपकी अवस्था दिखा रहा है कि अभी 'अंतिम हाँ' पर पहुँचे या 'कभी हाँ, कभी ना' के खेल में उलझे हुए हैं।

जब कोई आपसे कहता है, 'मैं तुमको इतने पैसे दूँगा मेरे लिए बुरा काम करो' और आप उसे 'ना' कहते हैं तो उस वक़्त आप सेल्फ़ को 'हाँ' कहते हैं। सेल्फ़ आपकी आंतरिक आवाज़ बनकर या गुरु के माध्यम

से कह रहा है, 'तुम्हें ऐसी लालच में पड़ने की ज़रूरत नहीं है। कुदरत ने तुम्हारे लिए और सबके लिए भरपूर बनाया है। तुम ऐसे ग़लत काम मत करो। जब तुम ऐसे लालच को 'हाँ' कहते हो तब मुझे यानी सेल्फ़ को 'ना' कह देते हो। ऐसे में मैं तुम्हें नकारात्मक भाव देता हूँ ताकि तुम समय पर ही सँभल जाओ।'

ग़लती कर रहे इंसान को अंदर से एहसास रहता है कि वह ग़लत कर रहा है मगर उसकी तर्क बुद्धि उस एहसास को दबा देती है। वह अपनी मजबूरी गिनाने लगती है। जीज़स ने आपने शिष्यों को कहा, 'तुम ख़ुद को हीन और दरिद्र क्यों समझते हो। तुम्हारे अंदर किंगडम ऑफ़ गॉड यानी प्रभु का राज्य है। तुम क्यों दुःखी होते हो। क्यों ख़ुद को हीन समझते हो? कुदरत ने सभी के लिए भरपूर बनाया है इसलिए कमी के भाव से मुक्त होकर निर्णय लो।'

जो हातिम बनना चाहते हैं, उनका 'ज़्यादा से ज़्यादा क्या बुरा होगा?' की तैयारी रहती है। वे तैयारी इसलिए करते हैं क्योंकि उन्हें अदृश्य में प्रचलित नियमों की जानकारी है कि ऐसी परीक्षाओं से गुज़रने से ही उनका सर्वोच्च विकास होनेवाला है। विपरीत परिस्थितियों में भी 'अंतिम हाँ' पर टिके रहने से ही अगली और सर्वोच्च अवस्था आएगी, जो है – आत्मसाक्षात्कार (स्वअनुभव, मोक्ष)।

हातिम – बोधिसत्व की अवस्था

हातिम का जीवन वास्तव में बोधिसत्व अवस्था का प्रतीक है। यह अंतिम और सर्वोच्च अवस्था आत्मसाक्षात्कार (स्वअनुभव) से पूर्व की अवस्था है, जिसमें कुदरत इंसान को दूसरों को करुणा बाँटने का प्रशिक्षण देती है।

बोधिसत्व अवस्था में इंसान के अंदर ऐसी प्रार्थनाएँ उठती हैं – 'मुझे आत्मसाक्षात्कार मिले, ज्ञान मिले ताकि मैं दूसरों का कल्याण कर पाऊँ, दूसरों का दुःख दूर करूँ।' अन्यथा इंसान ज्ञान भी ख़ुद दुःखों से मुक्त होने के लिए पाना चाहता है। महावीर और सिद्धार्थ ने इसी बोधिसत्व अवस्था से सत्य की खोज शुरू की थी अन्यथा वे दोनों ही राजकुमार थे। उनके जीवन

में सभी सुख-सुविधाएँ उपलब्ध थीं। हातिम भी इसी अवस्था में थे, जहाँ वे दूसरों का दुःख अपना दुःख बना लेते थे।

बोधिसत्व अवस्था में स्थापित इंसान के लिए पूरा संसार ही परिवार बन जाता है। वह ख़ुद को छोटी सीमाओं में नहीं बाँधता बल्कि 'तेरे-मेरे' की संकीर्ण सोच से ऊपर उठकर सभी के लिए सोचता है और कर्म करता है। जब निःस्वार्थ जीवन के पीछे की समझ बरकरार हो तब वह अवस्था बोधिसत्व बनती है, जो बुद्धत्व (आत्मसाक्षात्कार) की ओर ले जाती है।

'हातिम' कहें, 'अंतिम हाँ' कहें या 'बोधिसत्व' कहें एक ही बात है। हातिम का यही प्रशिक्षण चल रहा था। वे लोगों में निःस्वार्थ भाव से करुणा बाँट रहे थे। इस अवस्था में वे हुस्नबानो (सेल्फ़) से जुड़े सात सवालाखी सवाल हल करने के लिए निकले। उस अवस्था में वे दस साल, सात महीने, नौ दिन रहे और उसके बाद की कहानी यदि लिखी जाए तो यही होगी कि सात सवाल सुलझाने के बाद हातिम को आत्मसाक्षात्कार हुआ।

हातिम ने हुस्नबानो के सात सवाल कैसे सुलझाए, यह रहस्य आप आगे के अध्यायों में जानेंगे।

अध्याय 3

वह कौन है
जिसे देखने की तमन्ना है?

पहला सवाल

मुनीरशाह हातिम को लेकर हुस्नबानो के देश पहुँच गया। उसने हातिम को हुस्नबानो तक पहुँचने का तरीक़ा समझाया और शुभकामनाएँ दी। फिर हातिम ने मुनीरशाह से उसका विवाह हुस्नबानो से करवाने का वादा दोहराया और उसे वहाँ से वापस भेज दिया।

हातिम हुस्नबानो के महल पहुँचा और उससे मिलने की अनुमति माँगी। हुस्नबानो पर्दें के पीछे से हातिम से मिली। हातिम ने उससे विनम्रतापूर्वक निवेदन किया – 'हे राजकुमारी, तुमने अपने विवाह की शर्त में जो सवाल रखें हैं मैं उन्हें जानना चाहता हूँ। मैं तुम्हारे लिए उनका जवाब खोजकर लाऊँगा। मगर तुम्हें भी मुझसे वादा करना होगा कि यदि तुम मेरे सभी जवाबों से संतुष्ट हुई तो मैं जिससे चाहूँगा, उससे तुम विवाह कर लोगी।'

हुस्नबानो ने हँसते हुए हातिम की बात स्वीकार कर ली और कहने लगी – 'मुझे तुम्हारा आत्मविश्वास देखकर ख़ुशी हुई। मैं वचन देती हूँ कि यदि तुम्हारे सभी जवाब सही निकले तो तुम जिससे कहोगे मैं उससे शादी कर लूँगी।' हुस्नबानो ने हातिम को अपना पहला सवाल बताया –'तुम्हें पता लगाना है कि यह बात किसने और क्यों कही – **'एक बार देखा है, फिर से देखने की तमन्ना है।'** जब तुम इस सवाल का सही जवाब खोज

लाओगे तब मैं तुम्हें दूसरा सवाल बताऊँगी।'

हुस्नबानो से पहला सवाल लेकर हातिम उसके जबाव की खोज में निकल पड़ा। हातिम कई दिनों तक जंगलों में दिशाहीन सा भटकता रहा मगर उसकी दृढ़ता और साहस में कमी नहीं आई। उसकी भावना निःस्वार्थ थी अतः उसे पूरा विश्वास था कि कुदरत उसे कोई न कोई राह अवश्य दिखाएगी।

तभी एक घटना घटी। एक भेड़िया हिरण का शिकार करनेवाला था मगर करुणामयी हातिम ने हिरण को बचा लिया। इस पर नाराज़ भेड़िए ने हातिम से कहा – 'तुमने उसकी रक्षा अवश्य की है मगर मेरे साथ बहुत नाइंसाफी की है। तुमने मुझसे मेरा भोजन छीन लिया, जबकि मैं बहुत दिनों से भूखा हूँ।' परोपकारी हातिम को भेड़िए पर भी दया आ गई और उसने उसे अपनी जाँघ का मांस काटकर भोजन के लिए प्रस्तुत कर दिया।

इस पर भेड़िया बोला – 'हातिम मैंने तुम्हारे जितना करुणामयी, परोपकारी और साहसी इंसान कभी नहीं देखा, जो दूसरों की भलाई के लिए स्वयं इतनी पीड़ा झेले और फिर भी मुस्कराए। मैं जानना चाहता हूँ कि तुम इस घने जंगल में क्या खोज रहे हो, कृपया मुझे बताओ, शायद मैं तुम्हारी मदद कर सकूँ?'

हातिम ने उसे हुस्नबानो के सवाल के बारे में बताते हुए कहा – 'मैं ऐसे इंसान को खोज रहा हूँ, जिसने कहा है – **एक बार देखा है, फिर से देखने की तमन्ना है।'** इस पर भेड़िए ने कहा, 'इस सवाल का जवाब तुम्हें दस्ते–हवैदा नाम की जगह पर मिलेगा। मैं तुम्हें वहाँ पहुँचने का रास्ता बताता हूँ। वहाँ का रास्ता बहुत कठिन है मगर मुझे यक़ीन है कि तुम्हारे जैसे साहसी इंसान के लिए कुछ भी मुश्किल नहीं है... मेरी शुभकामना तुम्हारे साथ है।' हातिम ने भेड़िए को धन्यवाद देकर उससे विदा ली और अपनी खोज में आगे बढ़ गया।

आगे दस्ते–हवैदा के रास्ते में हातिम को अनेक चुनौतियाँ मिली और ऐसे जानवर भी मिले जो उसकी मदद करते गए। उसने हमेशा सभी प्राणियों पर करुणा दिखाई थी, जिसका परिणाम यह था कि उसकी खोज में पूरी

कुदरत उसकी मदद कर रही थी।

जंगल में एक चौराहे पर आकर हातिम को आगे का रास्ता समझ नहीं आ रहा था। तभी उसे दो रीछों ने पकड़ लिया। वे उसे रीछों के राजा के पास ले गए। रीछ (भालुओं का) राजा हातिम को जानता था और उससे अपनी पुत्री का विवाह करना चाहता था। मगर हातिम ने अस्वीकृति व्यक्त करते हुए कहा कि एक इंसान और एक रीछनी का विवाह कैसे संभव है?

हातिम के इंकार से गुस्सा होकर रीछों के राजा ने उसे एक गहरे और अंधकार से भरे गड्ढे में फिकवा दिया। हातिम को वहाँ एक देवदूत ने दर्शन दिए और उसे समझाया, 'जो भी हो रहा है, तुम्हारे अच्छे के लिए ही हो रहा है। रीछ राजकुमारी से विवाह करने से भविष्य में तुम्हारे प्राणों पर मँडरानेवाले सारे संकट टल जाएँगे इसलिए तुम इस प्रस्ताव को स्वीकार कर लो।' इस देववाणी को सुनकर हातिम रीछ राजकुमारी से विवाह करने के लिए तैयार हो गया और दोनों का धूमधाम से विवाह हो गया।

कुछ दिनों रीछों के राज्य में रुकने के बाद हातिम ने रीछ पत्नी से जाने की इजाज़त माँगते हुए कहा कि उसे अपने मित्र मुनीरशाह की सहायता के लिए दस्ते-हवैदा की खोज में जाना है। रीछ पत्नी ने उसे खुशी-खुशी जाने की इजाज़त दे दी। साथ ही उसे एक अद्भुत मणि देते हुए कहा, 'प्रिय, इस मणि को हमेशा अपने पास रखना, यह तुम्हारी हर संकट से रक्षा करेगी।' हातिम ने उस मणि को सहेजकर रख लिया और सबसे विदा लेते हुए आगे की यात्रा पर निकल पड़ा।

चलते-चलते हातिम को एक घर दिखा जो एक बूढ़े इंसान का था। उस इंसान ने थके-हारे हातिम के खाने-पीने और आराम का भरपूर प्रबंध किया। बूढ़े के पूछने पर हातिम ने उसे भी सारी कहानी बता दी। हातिम की कहानी सुनकर वह बूढ़ा उसके हौसले की दाद देने लगा – 'यक़ीनन तुम बहुत बहादुर हो, जो यहाँ तक इतनी मुसीबतें झेलकर पहुँच गए हो। मगर दस्ते-हवैदा जाना अपनी जान से खेलने के बराबर है क्योंकि जो भी वहाँ गया या तो जीवित नहीं आया या फिर पागल होकर ही लौटा।'

उस बूढ़े ने उसे एक रहस्यमयी झील के बारे में बताते हुए कहा – 'वहाँ जलपरियों का राज्य है। वे जलपरियाँ तुम्हें झील के अंदर ले जाएँगी। झील के अंदर जाकर जो सबसे सुंदर और आकर्षक जलपरी होगी, वह वहाँ की रानी होगी। तुम उसका हाथ पकड़ लेना। मगर उसमें ख़तरा यह है अगर तुम हाथ पकड़ोगे तो तुम पागल हो सकते हो। यह बहुत जोख़िम का कार्य है। हाथ पकड़ते ही तुम दस्ते-हवैदा पहुँच जाओगे। तुम्हारे सवाल का जवाब वहीं मिल सकता है। मगर संभावना यह भी है कि तुम वहाँ से कभी वापस न लौट सको।'

हातिम को बूढ़े की बातों से जरा भी भय नहीं लगा क्योंकि वह मुनीरशाह के प्रति वचनबद्ध था और उसे हर हाल में जवाब खोजकर लाना था अतः वह झील पर चला गया। जैसा कि बूढ़े ने कहा था, हातिम को जलपरियाँ झील के अंदर ले गईं और वहाँ जब उसे जलपरियों की रानी के सामने ले जाया गया तो उसने रानी का हाथ पकड़ लिया।

हाथ पकड़ते ही हातिम बेहोश हो गया और आँख खुलने पर उसने ख़ुद को एक घने जंगल में पाया। तभी उसे कुछ दूर से आ रही आवाज़ें सुनाई दीं। वह आवाज़ की दिशा में चलने लगा तो सुनकर हैरान रह गया। आवाज़ कह रही थी – **'एक बार देखा है, फिर से देखने की तमन्ना है।'**

पास जाने पर उसे वहाँ एक फटेहाल पागल सा दिखनेवाला इंसान मिला, जो यह बात बार-बार दोहरा रहा था। वह पागल उस रहस्यमयी झील के अंदर के अद्भुत स्वर्ग और रानी परी के असीम सौंदर्य को भूला

नहीं पा रहा था और उसे दोबारा देखना चाहता था।

हातिम को उस पर बड़ी दया आई। उसने उसे समझाया, 'मैं तुम्हें दोबारा जलपरियों की रानी के पास ले चलूँगा मगर इस बार तुम उसका हाथ मत पकड़ना वरना वापस पागल होकर यहीं आ जाओगे। अगर हाथ नहीं पकड़ोगे तो इस रहस्यमयी झील से सकुशल वापस लौट जाओगे।'

इस तरह हातिम उस पागल की मदद कर और हुस्नबानो के पहले सवाल का जवाब खोजकर वापस हुस्नबानो के पास दूसरा सवाल पूछने चल दिया।

अध्याय 4

अनदेखे की खोज

पहले सवाल का जवाब

पिछले अध्याय में दी गई कहानी में आपने देखा कि हातिम को अपने लक्ष्य को पूरा करने के लिए जब-जब मदद की ज़रूरत पड़ी तब-तब उसे भरपूर मदद मिली। कहानी में रोमांच बढ़ाने के लिए बातों को चमत्कारिक रंग दिए जाते हैं, जिन्हें पढ़कर यह न समझें – 'अरे! यह तो सिर्फ़ कहानी में होता है कि भेड़िए ने हातिम को रास्ता बताया...।' वास्तविकता यही है कि इंसान जो चीज़ दूसरों में बाँटता है, कुदरत वही चीज़ उसे कई गुना बढ़ाकर लौटाती है।

साहसी हातिम ने हमेशा दूसरों की निःस्वार्थ भाव से मदद की इसलिए कुदरत ने भी समय-समय पर अलग-अलग लोगों को माध्यम बनाकर हातिम की भरपूर मदद की। जब कुदरत साथ देती है तब बड़े से बड़ा लक्ष्य भी सहजता से पूरा किया जा सकता है।

हातिम – गुरु की अवस्था

यहाँ पर हातिम एक गुरु की भूमिका अदा कर रहा है। जो खोजी (मुनीरशाह) और सेल्फ़ (हुस्नबानो) के बीच में पुल का काम कर रहा है। बाहर का हातिम (गुरु) खोजी के अंदर के हातिम (गुरु) को बाहर निकालने के लिए कार्य कर रहा है। गुरु बहुत मेहनत करते हैं सेल्फ़ और खोजी को

मिलाने के लिए। हातिम जिस तरह से मुनीरशाह के लिए सात सवालों के जवाब ढूँढ़ने हेतु निकला था, वैसे ही गुरु अध्यात्म के कठिन जवाबों को बड़ी मेहनत से साधना कर, खोजकर लाते हैं और उन्हें खोजी के सामने आसान बनाकर सहजता से परोस देते हैं।

गुरु खोजी को उसकी जिज्ञासा अनुसार जवाब देते हैं ताकि उसकी आध्यात्मिक यात्रा सहज हो सके। अध्यात्म के नाम पर वह ग़लत मार्गों जैसे सिद्धियों, चमत्कारों में न उलझ जाए और उसका सेल्फ़ से जल्दी मिलन हो। अर्थात खोजी जल्द ही उनके दिए ज्ञान को ग्रहण कर स्वअनुभव पर स्थापित हो जाए। यह मिलन बाहरी नहीं बल्कि आंतरिक मिलन है। समाधि की अवस्था यही मिलन है, जिसे आप बाहर से हातिम की कहानी के माध्यम से समझ रहे हैं।

जलपरी रानी (माया) का सत्य

कहानी में आता है कि हातिम और उस पागल इंसान, दोनों ने जलपरी रानी का हाथ पकड़ा। मगर वह इंसान पागल हो गया और हातिम नहीं हुआ। ऐसा क्यों हुआ? कारण, उस इंसान ने रानी का हाथ उसके सौंदर्य से प्रभावित होकर, उससे आसक्त होकर अपने व्यक्तिगत सुख के लिए पकड़ा था। जबकि हातिम ने निःस्वार्थ जीवन के लिए, किसी और का भला करने के लिए हाथ पकड़ा था... अपने सुख के लिए नहीं। दोनों के हाथ पकड़ने के पीछे की भावना में फ़र्क़ था इसलिए कर्म समान होने पर भी फल अलग-अलग आया।

यहाँ जलपरियों की ख़ूबसूरत रानी माया का प्रतीक है, जो संसार भर में फैली है। सुंदरता, सुविधा, वासना, नाम, पद, प्रतिष्ठा, अहंकार... माया के अलग-अलग रूप हैं। आज लोग माया के चंगुल में इतना उलझ गए हैं कि उन्हें आभास ही नहीं होता कि वे अपनी असलियत (स्वयं की पहचान) से कितना दूर हो चुके हैं। अपनी पहचान भूलकर वे पागल हो चुके हैं और उन्हें इसका एहसास तक नहीं है।

एक चीज़ मिली तो दूसरे के पीछे भागना शुरू...। बाज़ार गए और

नए लाँच हुए गैजेट पर नज़र अटक गई... बाहर से साधारण दिख रहे हैं मगर अंदर तूफ़ान मचा हुआ। वे एक तरह से पागल होकर घर लौटते हैं क्योंकि अब दिमाग़ में उसी गैजेट के विचार घूम रहे हैं... एक बार देखा है, बस अब ख़रीदने की तमन्ना है...। एक प्रमोशन हुआ है, दूसरा लेने की तमन्ना है...। एक घर ख़रीदा है दूसरा ख़रीदने की तमन्ना है...। जब तक ज्ञान नहीं मिलता है, माया का यह चक्र चलता ही रहता है।

अव्यक्तिगत लक्ष्य और निःस्वार्थ जीवन की शक्ति है – ढाल

एक ही शक्ति है, जिसके द्वारा माया से बचा जा सकता है। वह है – निःस्वार्थ जीवन की शक्ति। अव्यक्तिगत लक्ष्य और निःस्वार्थ जीवन की शक्ति, यदि ये दोनों आपके साथ हैं तो माया आपको भटका नहीं सकती। हातिम जैसे लोग माया का हाथ पकड़ते हैं मगर अव्यक्तिगत जीवन के लिए। इसलिए माया रानी उन्हें पागल नहीं बना सकती।

हातिम ने उस पागल इंसान के लिए गुरु की भूमिका निभाई। उसे समझाया कि संसार में ऐसे जिएँ कि माया का उपयोग भी करें और उससे चिपके भी नहीं। यदि माया का उपयोग उससे निर्लिप्त (बिना चिपकाव के), निःस्वार्थ होकर किया जाए, फिर वह तुम्हें पागल नहीं बना सकती।

जीवन को निःस्वार्थ बनाने की कला

एक सामान्य इंसान सोचता है, 'निःस्वार्थ जीवन की बड़ी-बड़ी बातें ऐसे लोग ही कर सकते हैं, जिनके ऊपर घर-गृहस्थी की ज़िम्मेदारियाँ निभाने का बोझ नहीं है। यह मेरे जैसे साधारण इंसान के बस की बात नहीं है... यदि निःस्वार्थ सेवा में समय देंगे तो कमाएँगे कैसे... हमारी नौकरी, व्यवसाय, घर-परिवार, बच्चे आदि का क्या होगा? इतनी सारी ज़िम्मेदारियों के साथ इंसान निःस्वार्थ और अव्यक्तिगत जीवन कैसे जी सकता है?'

इसका जवाब है – ऐसा संभव है। तमाम सांसारिक ज़िम्मेदारियों को पूरा करते हुए, अपने विकास के बारे में सोचते हुए भी आप निःस्वार्थ जीवन जी सकते हैं। बस उस कार्य के पीछे हातिम जैसा निःस्वार्थ भाव

होना चाहिए। आपमें इस बात की दृढ़ता होनी चाहिए कि आप जो कर रहे हैं, दूसरों की भलाई के लिए कर रहे हैं... ईश्वर के लिए कर रहे हैं, किसी व्यक्तिगत महत्त्वाकांक्षा के लिए नहीं। जब उस कार्य से किसी व्यक्तिगत फल की इच्छा नहीं जुड़ी होगी तब वह भी सेवा बन जाएगा।

अपने प्रत्येक कार्य को सेवा बनाने के लिए आपको बस इतना ही करना है कि अपने कर्म या लक्ष्य के पीछे की भावना बदलनी है। उसे देखने का नज़रिया बदलना है। कर्म या लक्ष्य को बदले बिना, सिर्फ़ उसके पीछे की भावना को बदला जाय तो वह व्यक्तिगत से अव्यक्तिगत कर्म (सेवा) बन सकता है।

उदाहरण के लिए एक अच्छी कंपनी में नौकरी कर रहा इंसान ख़ूब मेहनत कर रहा है, अच्छा काम कर रहा है मगर उसकी भावना है – 'मैं जल्द से जल्द प्रमोशन पाकर ऊँचे ओहदे पर पहुँच जाऊँ ताकि मेरी तनख़्वाह, सुख–सुविधाएँ, रुतबा बढ़े। मैं अपने सहकर्मियों से आगे निकल जाऊँ।' जबकि एक दूसरा इंसान भी पूरी मेहनत से काम कर रहा है, यह सोचते हुए कि 'मैं कंपनी की तरक्की में अपना पूरा–पूरा सहयोग दूँ ताकि सभी का भला हो, सभी का विकास हो, देश की अर्थ व्यवस्था सुधरे, पूरे विश्व पर मेरे कार्य का सकारात्मक प्रभाव हो।' इस प्रकार दूसरा इंसान अव्यक्तिगत जीवन जी रहा है।

इंसान के द्वारा निर्धारित किए गए व्यक्तिगत लक्ष्य के पीछे उसका कोई न कोई व्यक्तिगत स्वार्थपूर्ण उद्देश्य होता ही है, जिसमें वह सिर्फ़ अपना ही फ़ायदा देखता है। मगर अव्यक्तिगत लक्ष्य रखनेवाला इंसान चाहता है कि अपने लक्ष्य को साधकर, उसके साथ–साथ दूसरों को भी लाभ पहुँचे। सभी का मंगल हो। जैसे महात्मा गाँधी ने अव्यक्तिगत दृष्टिलक्ष्य रखकर भारत की स्वतंत्रता की लड़ाई लड़ी। इसलिए नहीं कि वे स्वतंत्र भारत के प्रधानमंत्री बनें या महान लीडर कहलाएँ। इसीलिए उन्हें महान नेता माना जाता है। तात्पर्य – आप अपने रोज़मर्रा के कार्य करते हुए भी निःस्वार्थ और सफल जीवन जी सकते हैं। बस उसके पीछे की भावना निःस्वार्थ बना लें।

फ़ोकस सही जगह पर हो

कुछ लोग माया और सत्य के बीच झूलते रहते हैं। वे सत्य के मार्ग पर चलना चाहते हैं मगर संसार में रहते हुए माया उन्हें अटका देती है, दृश्य उलझा देते हैं। अतः वे हातिम (अंतिम हाँ) नहीं बन पाते।

जीज़स ने एक बार अपने शिष्यों से कहा था – 'यदि तुम्हारी दाहिनी आँख पाप में जाए तो बेहतर है कि उसे निकालकर फेंक दो। यह इससे बेहतर ही है कि तुम्हारा पूरा शरीर नर्क में जले।' उनके कहने का तात्पर्य था कि पूरा माया में उलझकर दुःख भोगने से बेहतर है कि अपनी आँख वहाँ से निकाल लो। अर्थात अपना फ़ोकस वहाँ से हटा लो।

फ़ोकस हुक की तरह होता है। जैसे जब किसी किले पर या ऊँचाई पर चढ़ाई करते हैं तब हुक ज़ोर से घुमाकर फेंकते हैं। हुक नहीं अटका तो वापस घुमाकर फेंकते हैं। तब तक फेंकते रहते हैं, जब तक हुक अटक न जाए। इसी तरह अपना फ़ोकस यदि उच्चतम पर नहीं अटकाएँगे तो वह स्वतः माया में ही जाएगा। इसके विपरीत माया में रहते हुए, सांसारिक गतिविधियाँ करते हुए, ज़िम्मेदारियाँ निभाते हुए यदि फ़ोकस निःस्वार्थ जीवन और सत्य प्राप्ति पर रखा जाए तो माया निष्प्रभावी रहेगी।

ऐसा क्या है जिसे बार–बार देखना है?

एक गाँव में एक मंदिर था, जिसमें अलग-अलग तरह के 100 बल्ब लगे हुए थे। छोटे, बड़े, त्रिकोण, वर्गाकार ऐसे 99 बल्ब के बारे में सभी जानते थे मगर एक बल्ब वहाँ ऐसा भी था, जिसे कोई नहीं खोज पाया था। मंदिर में एक नए स्थायी पुजारी की खोज चल रही थी। जिसके लिए शर्त थी कि वही इंसान स्थायी पुजारी बनेगा, जो मंदिर का छिपा हुआ बल्ब खोज निकालेगा।

अतः हर दिन गाँव के एक इंसान को पुजारी बनने का मौक़ा दिया जाता था ताकि सही पुजारी का चयन हो सके। मगर अभी तक कोई उस छिपे बल्ब को खोजने में सफल नहीं हो पाया था। वह मंदिर गाँव के बाहर था और मंदिर के पीछे जंगल था। रात को जो भी मंदिर में सोता, सुरक्षा

की दृष्टि से सारे बल्ब जलाकर सोता ताकि कोई जानवर न आ जाए। ऐसा बारी-बारी से सभी के साथ चलता रहा।

एक दिन मंदिर में एक नवयुवक की ड्यूटी लगी। वह पूरे मंदिर का चक्कर लगाकर एक-एक चीज़ साफ़ कर रहा था ताकि उसे छिपा बल्ब दिखे। रात में जब वह सो रहा था तब बाक़ी लोगों की तरह सारे बल्ब चालू रखने की बजाय केवल एक जीरो बल्ब ऑन करके ध्यान में बैठा। थोड़ी देर बाद उसने देखा कि वह छिपा हुआ बल्ब प्रकाशित हो रहा था। इस तरह उसे छिपा हुआ बल्ब मिल गया, जिसे सब खोज-खोजकर थक गए थे।

उसकी बात सुनकर सभी को आश्चर्य हुआ कि हमें नहीं मिला, इसे कैसे मिल गया। अगली रात मंदिर में जब लोगों ने सब बल्ब बंद किए और उसके बताए तरीक़े से ध्यान किया तो रहस्य खुला कि छिपा हुआ बल्ब क्या था? मंदिर में जो देवता की मूर्ति थी, वही ख़ुद बल्ब थी जो प्रकाशित हो उठी।

आपके लिए पहला सवाल

जब उस युवक ने बाकी सारे बल्ब (विचार) बुझा दिए और बस ज़ीरो बल्ब (विचार शून्य अवस्था) के साथ ध्यान किया तो समाधि की अवस्था आई और वह मूर्ति जल उठी। यही वास्तव में सेल्फ़ का आपसे पहला सवालाखी सवाल है – 'क्या वह मूर्ति ऑन है, जिसे फिर से देखने की तमन्ना है।'

यह मूर्ति सेल्फ़ की मूर्ति है, मंगल मूर्ति है जो हमारे ही भीतर हृदयस्थान (तेजस्थान) में प्रतिष्ठित है। यह तभी ऑन होती है, जब हमारे भीतर लगातार चलनेवाले विचारों के बल्ब ऑफ़ हो जाते हैं।

इंसान की उच्चतम विकसित अवस्था यही है कि यह मूर्ति हमेशा ऑन रहे। इसी को स्वअनुभव या मोक्ष कहा गया है। यही आपका उच्चतम विकसित स्वरूप है, जिसे देखकर आप इतने आनंदित होंगे कि उसे बार-बार देखना चाहेंगे।

जब हम बेकार के विचारों में उलझते हैं, माया पर फ़ोकस करते हैं तब यह मूर्ति ऑफ़ हो जाती है। अतः दिन में जब भी कोई ऐसी घटना हो जो आपकी आनंदित अवस्था हर ले तो आपको ख़ुद से बार-बार यह सवाल पूछना है – **'क्या वह मूर्ति ऑन है, जिसे फिर से देखने की तमन्ना है?'** यह पहला सवाल आपको हर वक्त जाग्रत रखेगा।

अध्याय 5

कर भला, अंत भले का भला

दूसरा सवाल

पहले सवाल का जवाब खोजने के बाद हातिम वापस हुस्नबानो के पास पहुँचा और उसे जवाब के साथ-साथ अपनी यात्रा का पूरा किस्सा कह सुनाया। हुस्नबानो हातिम के जवाब से संतुष्ट थी। उसने हातिम से कहा, 'हातिम तुम निश्चय ही साहस और निःस्वार्थ सेवा की ऐसी मिसाल हो, जिसका दुनिया में कोई जवाब नहीं है। अब मैं तुम्हें दूसरा सवाल बताती हूँ – 'नेकी कर दरिया में डाल।' तुम्हें पता लगाना है कि वह व्यक्ति कौन है जिसने अपने महल की दीवारों पर यह पंक्ति लिखवा रखी है और क्यों लिखवा रखी है?'

दूसरा सवाल लेकर हातिम ने हुस्नबानो से विदा ली और जवाब खोजने के लिए चल पड़ा। मीलों चलने के बाद हातिम एक गुफा के सामने पहुँचा। उसे वह गुफा बड़ी आश्चर्यजनक लगी अतः वह उत्सुकतावश उसके अंदर चला गया। थोड़ा अंदर जाने के बाद कुछ बड़े भयानक दैत्यों ने उसे घेर लिया। वास्तव में बाहर से छोटी नज़र आनेवाली उस गुफा के अंदर दैत्यों का पूरा साम्राज्य बसा हुआ था। दैत्यों ने हातिम को पकड़कर अपने दैत्य राजा के सामने प्रस्तुत किया, जो शकल से बड़ा उदास नज़र आ रहा था।

दरियादिल हातिम ने राजा को अपनी पूरी कहानी बताई, साथ ही उसकी उदासी का कारण भी पूछा। दैत्य राजा ने बताया कि वह अपनी

पत्नी और पुत्री की सेहत को लेकर बहुत परेशान है। उसकी पत्नी आँखों की किसी भयानक बीमारी से जूझ रही है और उसकी बेटी पेटदर्द से तड़प रही है। बहुत कोशिशें की मगर इन दोनों की बीमारियों का कोई इलाज नहीं मिल रहा है। हातिम ने दैत्य राजा से विनती की कि वह उसे उनके पास ले जाए।

हातिम ने रीछ पत्नी द्वारा दी गई जादुई मणि निकाली और उसे दैत्य रानी की आँखों पर मल दिया। देखते ही देखते रानी की आँखें ठीक हो गईं। इसके बाद हातिम ने एक गिलास शरबत मँगाया और उसमें मणि को डुबोकर निकाल लिया। वह शरबत दैत्य राजकुमारी को पीने के लिए कहा। उस मणि के प्रभाव से राजकुमारी का पेटदर्द तुरंत ठीक हो गया। दैत्य राजा के परिवार ने हातिम को बहुत धन्यवाद दिए, सभी ने उसकी जयजयकार की। मगर इस सम्मान से अप्रभावित हातिम उनसे विदा लेकर आगे की यात्रा पर चल पड़ा।

रास्ते में हातिम को एक गाँव मिला जो एक विशाल भयानक राक्षस के खौफ में जी रहा था। वह राक्षस रोज़ उस गाँव के 3–4 लोगों को मारकर खा जाया करता था। हातिम से उन गाँववालों की दुर्दशा देखी नहीं गई और उसने उस राक्षस को मारने का बीड़ा उठाया। हातिम ने अपनी बुद्धि लगाई और सभी गाँववालों को इकट्ठा किया। उसने गाँव के मुखिया से कहा, 'यदि आप मुझे उस राक्षस की लंबाई और चौड़ाई के बराबर एक आईना बनवाकर देंगे तो मैं आपसे वादा करता हूँ कि मैं उस राक्षस को ख़त्म कर दूँगा।' मुखिया को हातिम की बातों पर यक़ीन तो नहीं हुआ मगर उसके पास कोई दूसरा विकल्प भी नहीं था। अतः उसने हातिम को सहयोग करने का निर्णय लिया।

हातिम ने गाँववालों की मदद से गाँव के मुख्य दरवाज़े पर बड़ी चतुराई से आईना लगा दिया। जब अगली बार राक्षस गाँव में प्रवेश करने लगा तब उसने आईने में अपनी छवि देखी। उसने पहले कभी न तो अपनी छवि देखी हुई थी, न ही कोई अन्य बड़ा राक्षस देखा था। अतः उसे देखकर उसका डर के मारे बुरा हाल हो गया। उसे लगा जैसे उसके सामने कोई भयानक

राक्षस खड़ा है। आईने के पीछे छिपे हातिम ने उसे डरावनी आवाज़ बनाकर डराया और उसे मारने की धमकी दी। अब तक लोग उस राक्षस से डरते थे, जिससे वह उन पर हावी होता था पर पहली बार राक्षस को कोई दिखाई दिया जो उसे डरा रहा था। इससे वह राक्षस इतना डर गया कि उसके प्राण निकल गए। सब गाँववालों ने हातिम को सिर-आँखों पर बिठा लिया और उसे बहुत दुआएँ दीं।

गाँववालों से विदा लेकर हातिम आगे की यात्रा पर चल पड़ा। इस बार भी उसकी यात्रा बहुत मुश्किल भरी रही। उसने रास्तेभर में न जाने कितने इंसानों, जानवरों, यहाँ तक कि सूक्ष्म शरीरों की भी अपनी जान ख़तरे में डालकर निःस्वार्थ मदद की। अंत में वह एक महल के सामने पहुँच गया, जिसकी दीवारों पर लिखा था – 'नेकी कर दरिया में डाल।'

हातिम उस महल के मालिक से मिला और उसे अपना परिचय दिया। साथ ही अपने वहाँ आने का मक़सद बताते हुए पूछा, 'श्रीमान, मैं बहुत दूर से आपको खोजते हुए यहाँ आया हूँ। मैं जानना चाहता हूँ कि आपने अपने महल की दीवारों पर 'नेकी कर दरिया में डाल' यह पंक्ति क्यों लिखवा रखी है?'

वह रईस इंसान हातिम को अपनी कहानी सुनाते हुए कहने लगा, 'राजकुमार, तुम बहुत नेक इंसान हो इसलिए मैं तुम्हें सारी आपबीती बताता हूँ। पहले मैं एक लुटेरा था। अमीर लोगों के घर लूट-पाट करता था। वैसे तो रोज़ मैं पाप ही करता था पर साथ में एक नेक काम भी किया करता था। मैं हर दिन दो रोटियाँ घी लगाकर नदी में डालता था, जिससे मछलियाँ उसे खा सकें। मुझे पता नहीं था कि मेरे उस काम का क्या परिणाम होगा। बस मुझे शुरू से ऐसा करने की आदत थी, जिसे मैं बिना किसी फेरबदल के

निरंतरता से करता जा रहा था।'

'एक बार मेरी तबीयत बहुत ख़राब हो गई। मेरी मृत्यु निकट आ गई थी। मुझे डर लग रहा था कि मरने के बाद मुझे मेरे पाप कर्मों की सजा मिलेगी। जब मेरे प्राण निकले तो दो यमदूत मुझे यमराज के पास लेकर गए। उन्होंने उन यमदूतों को आदेश दिया कि इस पापी आत्मा को नर्क में डाल दो।'

'जब यमदूत मुझे नर्क में लेकर जा रहे थे तभी हमारे पास दो फ़रिश्ते आए उन्होंने यमदूतों से कहा कि अभी इसे नर्क में नहीं ले जाना है, इसे कुछ दिन स्वर्ग में ले जाना है क्योंकि इसके कुछ पुण्य कर्म भी हैं, जिसका अच्छा फल इसे देना है। यह सुनकर मुझे बड़ा आश्चर्य हुआ क्योंकि मेरी याद में तो मैंने कभी कोई अच्छा काम किया नहीं था।'

'जब मुझे स्वर्ग में ले जाया गया और मेरा हिसाब-किताब देखा गया तो पता चला कि अभी तो मेरी कुछ उम्र बाक़ी है। मुझे ग़लती से वहाँ लाया गया था। इसलिए फ़रिश्तों ने मेरी आत्मा को वापस मेरे शरीर में छोड़ दिया। जब वे वापस जा रहे थे तब मैंने उनसे पूछा कि आप दोनों कौन हैं, जिन्होंने मुझ पर इतनी दया दिखाई? तो उन दो फ़रिश्तों ने कहा कि तुम समझ तो नहीं पाओगे कि हम कौन हैं, बस यूँ समझ लो कि हम वे दो रोटियाँ हैं, जिन्हें तुम रोज़ नदी में डालते थे।'

'उनकी बातें सुनकर मेरी आँखें खुल गईं। एक नेकी मेरे हज़ारों पापों पर भारी पड़ गई। इस बात से मुझे नेकी करने का महत्त्व समझ में आया तबसे मैंने चोरी करना बंद कर दिया। सब बुरे काम छोड़ दिए। एक अच्छा इंसान बन गया। परोपकार के कार्य करने शुरू कर दिए। मैंने प्रण लिया कि मेरी जितनी भी उम्र बची हुई है, उसमें मैं निःस्वार्थ भाव से भलाई के लिए ही कार्य करूँगा। उसके बाद मैं ईमानदारी की कमाई से अमीर बना और जब यह महल बनवाया तो इसकी दीवार पर लिखवा दिया 'नेकी कर दरिया में डाल' ताकि बाक़ी लोग भी इसे पढ़ें, समझें और मेरा उदाहरण देखकर निःस्वार्थ भाव से नेकी करना शुरू कर दें।'

हातिम उस इंसान से मिलकर बेहद प्रसन्न हुआ और उसे धन्यवाद देकर वापस हुस्नबानो के देश उसे दूसरे सवाल का जवाब देने चल पड़ा।

अध्याय 6

अहंकार की आख़िरी साँस

दूसरे सवाल का आंतरिक रहस्य

हातिम ने अपनी खोज के दौरान जो एक बड़ा काम किया वह था, बड़े भयानक राक्षस को आईना दिखाना और इतना करने मात्र से वह राक्षस मर गया। वास्तव में राक्षस को आईना दिखाना बेहद साहस और हौसले का काम है। यदि आप हातिम (सेल्फ़ को अंतिम-हाँ) की अवस्था पाना चाहते हैं तो यह हौसला आपको दिखाना ही होगा। अब सवाल यह है कि हमारे जीवन में वह कौन सा राक्षस है, जिसे हमें आईना दिखाकर परास्त करना है, आइए इस राक्षस को जानते हैं।

किस राक्षस को आईना दिखाना है

हमारे जीवन में यह राक्षस है हमारे अपने ही दिमाग़ में रहनेवाला 'तोलूमन।' यह हमें जब देखो डरा-धमकाकर दुःखी करता रहता है। कभी निराशा में फँसा देता है, कभी लालच में, कभी ईर्ष्या में तो कभी क्रोध और नफ़रत में...। शारीरिक पीड़ाओं के अतिरिक्त हम जीवन में जो भी पीड़ाएँ भुगतते हैं, वह इसी राक्षस (तोलूमन) के कारण। इतना ही नहीं यह हमारी राई जितनी शारीरिक पीड़ा को पहाड़ जितना बड़ा बना देता है।

तोलूमन, नकारात्मक विचारों का ऐसा पुलिंदा है जो हमें पूरी तरह दिखावटी सत्य में उलझा देता है। हमें इसी राक्षस को 'खोज' का आईना दिखाना है। उदाहरण के लिए आपको एक विचार ने परेशान कर रखा है

कि 'मेरे परिवार के लोग मेरा ख़याल नहीं रखते' तो आपको इस विचार को आईना दिखाना है कि 'खोज करो मैं कहाँ-कहाँ ख़ुद अपना ध्यान नहीं रखता हूँ?' आप देखेंगे कि ऐसे बहुत से क्षेत्र हैं जहाँ आप अपने प्रति बहुत लापरवाह हैं जैसे : स्वास्थ्य को लेकर, खान-पान में, व्यायाम में, अपनी चीज़ों को सही जगह रखने में।

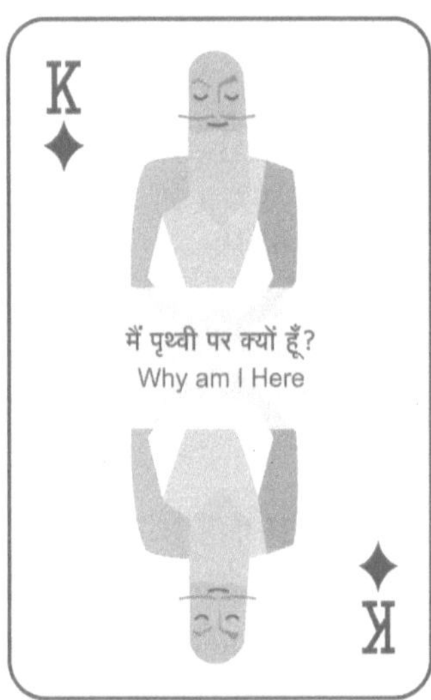

दरअसल यह संसार, इंसान, घटनाएँ आदि जिनके कारण आपके मन में उथल-पुथल मचती है, दुःख पनपता है वह आपका आईना है। उस आईने में देखकर आपको अपने विचारों पर खोज करनी है। यदि किसी बात पर क्रोध आया तो उस क्रोध के विचारों को आईना दिखाकर उसका मूल कारण खोज निकालना है। क्यों आया, उसके पीछे क्या कारण है, क्या कोई मान्यता है, डर है, इच्छा में बाधा पैदा हो रही है... आदि राज़ के पीछे का राज़ आपको पता लगाना है।

इस तरह जब तोलूमन के हर विचार पर सूक्ष्मता से खोज होगी तो वह कहीं भी टिक नहीं पाएगा और भाग जाएगा। तोलूमन नमन हो जाएगा, उसकी मौत हो जाएगी। जिन लोगों का तोलूमन उन पर हावी नहीं हो पाता वे ही हातिम बनकर निःस्वार्थ जीवन का लक्ष्य ले पाते हैं।

मृत्यु-मनन उत्सव मनाएँ

आपके लिए एक सवाल है, 'क्या आपने कभी मृत्यु पर सही तरीक़े से मनन किया है? 'मृत्यु' शब्द आपके सामने क्या छवि बनाता है, आपके अंदर क्या भाव पैदा करता है?'

सामान्यतः लोग मृत्यु के नाम से, उसके बारे में बात करने से भी डरते हैं। यदि किसी के मुँह से ग़लती से भी निकल जाए, 'हाय मैं मरा...' तो उसके प्रियजन घबरा जाते हैं कि कहीं अनजाने में मुँह से निकली हुई बात सच न हो जाए। शरीर की मृत्यु एक सत्य और अटल अवस्था है, जिससे होकर हर शरीरधारी जीव को गुजरना है। फिर भी सभी इस सत्य को भूले रहना चाहते हैं।

यदि मृत्यु पर सही तरीक़े से मनन हो जाए तो यह मनन आपके लिए मुक्ति के द्वार खोल सकता है। जैसे हातिम की कहानी में उस लुटेरे इंसान के लिए खुला, जिसने मृत्यु का सामना करने के बाद यह सूत्र सीखा और अपनाया 'नेकी कर दरिया में डाल।'

कहानी में निःस्वार्थ सेवा और परोपकार के महत्त्व को दिखाने के लिए इसी तरह से बताया गया कि जब उस लुटेरे की मृत्यु हुई, उसे यमदूत यमलोक (सूक्ष्म जगत) लेकर गए, जहाँ उसके कर्मों का हिसाब-किताब हुआ। जिसके आधार पर उसके लिए स्वर्ग अथवा नर्क का चयन हुआ। इस घटना से उसे समझ में आया कि एक दिन जब मृत्यु उससे शरीर और शरीर द्वारा जमा किया गया भौतिक धन, सुख-सुविधाएँ छीन लेगी तो सिर्फ़ उसकी नेकी ही उसके काम आएगी जो उसे नर्क के दुःखों से बचाएगी।

जब क़िस्मत से उसे वापस जीने का मौका मिला तो उसने यमलोक में मिली समझ को अपने जीवन में उतारा। अपना ध्यान चोरी-लूटपाट से हटाकर नेकी करने पर लगाया ताकि जब वह दोबारा शरीर छोड़े तो उसे नर्क के कष्ट न भोगने पड़े। वह लुटेरे से हातिम (सेल्फ़ को अंतिम हाँ) बन गया।

कहानी में यह बात भी स्पष्ट हुई कि शरीर की मृत्यु के बाद भी उस लुटेरे इंसान की जीवन यात्रा समाप्त नहीं हुई। शरीर मरा लेकिन वह जीवित था। उसकी भावनाएँ, विचार शक्ति, समझ वैसी ही थीं, जैसी शरीर के जिंदा रहते हुए थीं। साथ ही (यमलोक) सूक्ष्म जगत में लुटेरे की आगे की यात्रा उसके पृथ्वी पर किए गए कर्मों, पूर्व समझ, भावनाओं और विचारों पर निर्भर करती थी कि आगे वह स्वर्ग के सुख भोगेगा या नर्क के दुःख...।

लुटेरे को जो बातें मरकर समझ आईं उसके लिए आपको मरने का इंतज़ार नहीं करना है। जीते-जी ही गुरु द्वारा मिल रहे ज्ञान को आत्मसात कर और मृत्यु पर मनन कर आप निःस्वार्थ जीवन की उपयोगिता और जीवन-मृत्यु की अनमोल समझ प्राप्त कर सकते हैं। आप स्पष्टता पा सकते हैं कि

- हम पृथ्वी पर क्यों आए हैं और हमारे जीवन का क्या उद्देश्य है?

- क्या मृत्यु के बाद हम पूरी तरह से नष्ट हो जाते हैं या सिर्फ़ शरीर नष्ट होता है?

- क्या मृत्यु के बाद भी हमारा जीवन आगे चलता रहता है?

- ऐसे कौन से नियम या सिद्धांत हैं, जिनके अनुसार शारीरिक मृत्यु से पहले का और शारीरिक मृत्यु के बाद का हमारा जीवन (मृत्यु उपरांत जीवन) चलता है?

- निःस्वार्थ जीवन हमारी जीवन यात्रा को विकास के उच्चतम स्तर पर कैसे ले जाता है?

यहाँ इन सवालों के संक्षिप्त जवाब दिए गए हैं, जिन पर गहरा मनन कर आप इन्हें अपने जीवन में उतारकर, आज से ही एक नई एवं सही दिशा पा सकते हैं, जैसे कि उस लुटेरे इंसान ने पाई।

मृत्यु और जीवन का रहस्य

पूरी सृष्टि में एक ही चेतना व्याप्त है, जिसे विभिन्न नामों से जाना जाता है। जैसे – एकम, तेजम, नूर, चैतन्य, ऊर्जा, चेतना, ईश्वर, परमात्मा, अल्लाह, सेल्फ़ आदि...। जब वह अप्रकट चेतना प्रकट होती है तब संसार की सृष्टि होती है। वह चेतना भिन्न-भिन्न फ्रिक्वेन्सीज़ (विद्युत और चुंबकीय तरंगों तथा कंपनों) पर विभिन्न आकृतियों में आभासित हो रही है।

एक ही चेतना अलग-अलग शरीरों के साथ जुड़कर अहंकार (अलग मैं) की सहायता से व्यक्ति विशेष बन जाती है और अपनी असली पहचान भूलकर जीवन जीने लगती है। वास्तव में यह संसार और इसके क्रियाकलाप

उसी चेतना की लीला है। अलग-अलग शरीरों के माध्यम से वही स्वयं को भूलकर, संसार चलाने की और वापस स्वयं को जानने की लीला खेल रही है।

इंसान का अंतिम उद्देश्य अपनी (चेतना की) असली पहचान पाना है। जो इंसान चेतना और जीवन को अनुभव द्वारा जान गया, उसके लिए शरीर की मृत्यु, मृत्यु नहीं रह जाती। बस अवस्था परिवर्तन मात्र होती है, जिसके लिए वह हमेशा तैयार रहता है।

प्रत्येक इंसान के पास चार परतें यानी चार शरीर होते हैं। पहला स्थूल शरीर (बाहरी शरीर), दूसरा प्राणमयी शरीर (साँसों का शरीर), तीसरा मनमयी (विचार करनेवाला शरीर) और चौथा कारण शरीर (भावनात्मक शरीर)। इनके अंदर केंद्र में स्थापित चेतना (सेल्फ़) को पाँचवाँ आनंदमयी शरीर कहा जा सकता है, जो बाक़ी परतों को नियंत्रित कर रहा है।

तथाकथित भौतिक मृत्यु के बाद इंसान की बाहर की दो परतें गिर जाती हैं। लेकिन सूक्ष्म शरीर के साथ उसकी यात्रा ज़ारी रहती है। हमारी सीमित शक्तियों के कारण हम सूक्ष्म शरीर को नहीं देख सकते और सोचते हैं कि इंसान पूरी तरह मर गया है। जब हम गहरी नींद में होते हैं तब कई बार हमारा सूक्ष्म शरीर बाहर जाकर सभी जगहों की यात्रा करके आता है। यही कारण है कि लोग किसी स्थान को देखकर ऐसा अनुभव करते हैं कि उन्होंने वह स्थान पहले भी कभी देखा है, यद्यपि उस स्थान पर इससे पूर्व वे कभी नहीं गए थे।

सूक्ष्म जगत में यात्रा के लिए इंसान का ज्ञान (बोध) और समझ ही उसका एकमात्र पासपोर्ट है, जो निर्धारित करता है कि उसकी आगे की यात्रा शांत, सुखद और आनंददाई होगी या दुःखों और उलझनोंभरी होगी। अतः जब तक आप इस पृथ्वी पर हैं, ज़्यादा से ज़्यादा सही समझ प्राप्त कर, ग़लत धारणाओं एवं मान्यताओं से छुटकारा पा लें। इससे आपका अभी का जीवन भी सुधरेगा और आगे का (मृत्यु उपरांत) भी।

हरेक इंसान अपने भाव, विचार, वाणी और क्रिया से लगातार कर्म

करता रहता है। इन कर्मों का फल ही उसके सामने भाग्य बनकर आता है, जिसके अनुसार उसका आगे का अच्छा या बुरा जीवन चलता है। अर्थात हर इंसान स्वयं अपने भाग्य का रचयिता और ज़िम्मेदार होता है। कोई और उसके साथ न्याय या अन्याय नहीं कर सकता। उसी के हाथ में अपना भाग्य बिगाड़ने या सँवारने की शक्ति होती है। इसीलिए हमारे समझदार बड़े-बुजुर्गों ने ऐसे किस्से-कहानियाँ, कहावतें बनाई हैं जो इंसान को अच्छी सोच रखने और अच्छे कर्म करने को प्रेरित करती हैं। 'नेकी कर दरिया में डाल', 'जैसा बोओगे वैसा काटोगे...' ऐसी ही कहावतें हैं।

इस पृथ्वी पर लोभी, स्वार्थी, हिंसक, लालची और पापी जीवन जीनेवाले इंसान सूक्ष्म जगत में स्वयं को मैले, धुंधले, दुःखी, बोझिल, भय और पीड़ाओं से भरे वातावरण में पाते हैं।

वे लोग जो इस पृथ्वी पर प्रेम, करुणा, निःस्वार्थ सेवा और धैर्य से भरे हुए हैं, वे मृत्यु के बाद अपने मन की पवित्रता के आधार पर चेतना के उच्चतम स्तरों पर पहुँचते हैं। वहाँ उनका जीवन प्रेम, आनंद, मौन और सौंदर्य से भरा होता है। अतः पृथ्वी पर रहते हुए ही हमें अपने जीवन और विचारों में शुद्धता, पवित्रता, अहिंसा और निःस्वार्थता लानी चाहिए।

सूक्ष्म जगत में विचार सबसे अधिक महत्त्वपूर्ण भूमिका अदा करते हैं। वहाँ सारे काम विचारों द्वारा ही संपन्न होते हैं। विचार ही उस संसार की मुख्य शक्ति है। इसलिए आप हॅपी थॉट्स यानी सकारात्मक और आनंददायक सोच की आदत बना लें, जो हमेशा आपके काम आएगी।

आपके लिए दूसरा सवाल

हुस्नबानो के दूसरे सवाल के जवाब से आपको मृत्यु और जीवन के खेल पर मनन करने का मौका मिला। साथ ही आपने निःस्वार्थ, परोपकारी जीवन और शुद्ध भावनाओं का मूल्य समझा। अब इस जवाब से जो आपके लिए सवाल निकला है, वह आपको स्वयं से पूछना है कि 'अगर आज का दिन मेरे (व्यक्ति, अहंकार) जीवन का आख़िरी दिन है तो मैं कैसे जिऊँगा या जिऊँगी?'

यहाँ 'मेरे' या 'व्यक्ति' के आख़िरी दिन का अर्थ शारीरिक मृत्यु से नहीं है बल्कि उस अहंकार की मृत्यु से है, जो खुद को चेतना (सेल्फ़) से अलग मानता है। वह चेतना जो सभी में है, हमेशा थी और रहेगी। वास्तव में अहंकार ही है, जो मरने से डरता है। अहंकार ही शरीर को 'मैं' मानकर जीता है, सारी उम्र 'तेरा-मेरा' करता रहता है। अहंकार ही इंसान के सारे विकारों जैसे मोह, लोभ, भय, ईर्ष्या, क्रोध, निराशा आदि की मूल जड़ है। इसके गिरते

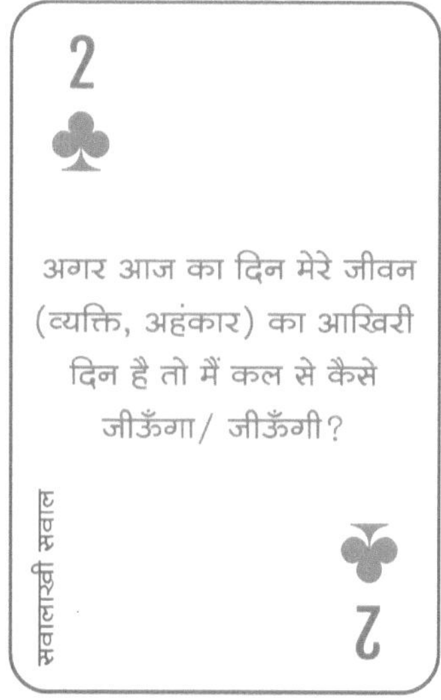

ही इंसान सब विकारों और बंधनों से एकदम मुक्त हो जाता है।

अहंकार के गिरने पर हम अपने भीतर स्थित आनंदमयी शरीर (चेतना) के प्रति जाग्रत हो जाते हैं, उसके साथ जीते-जी ही एक हो जाते हैं। फिर न हमें मृत्यु का भय रहता है, न कुछ खोने का। न ही कुछ पाने की महत्त्वाकांक्षा शेष रह जाती है। फिर इंसान का शरीर अपने अलग 'मैं' की अभिव्यक्ति नहीं करता बल्कि ईश्वरीय अभिव्यक्ति का सुंदर माध्यम बन जाता है। ईश्वर ऐसे ही शरीरों से काम करता है, जहाँ अहंकार न होकर जाग्रति हो। अहंकार का गिरना और अपनी चेतना के प्रति जाग्रत होना ही तो मोक्ष अथवा आत्मसाक्षात्कार पाना है। ईसा मसीह, संत कबीर, गुरुनानक, भगवान बुद्ध, मंसूर, संत ज्ञानेश्वर जैसे महान संत जीते-जी इसी जाग्रत अवस्था को प्राप्त हुए थे।

अतः सोचकर देखें यदि कल से आप आत्मसाक्षात्कार की अवस्था में स्थापित होने जा रहे हैं तो आज का दिन कैसे जिएँगे? क्योंकि कल आपकी 'मेरा-तेरा' करनेवाली भेद बुद्धि समाप्त हो जाएगी। आप अनुभव से जान जाएँगे कि हर कोई उसी एक चेतना का रूप है और आप स्वयं भी। ऐसे में आपके द्वारा जो भी नेकी या परोपकार किया जा रहा है, वह किसी

दूसरे के लिए नहीं किया जा रहा है।

यदि कल से आपको इस भावना के साथ जीवन जीना है तो उसका कुछ अभ्यास आपको आज से ही करना पड़ेगा। कल से आपका जीवन निःस्वार्थ होनेवाला है तो अभ्यास के लिए क्यों न आज से ही उसे निःस्वार्थ बना दिया जाए। क्यों न आज ही 'अंतिम हाँ' की अवस्था में स्थापित होकर, हातिम बन जाएँ और जहाँ मौक़ा मिले निःस्वार्थ प्रेम और करुणा की दौलत लुटाएँ। आपका यह अभ्यास आपकी अगली अवस्था (आत्मसाक्षात्कार) को जल्द ही आपके जीवन में लाएगा।

अध्याय 7

जैसी करनी, वैसी भरनी

तीसरा सवाल

अपने साहस और बुद्धिमता के बल पर हातिम ने दूसरे सवाल का जवाब भी खोज लिया था। वह बड़े उत्साह के साथ वापस हुस्नबानो के पास पहुँचा और उसे जवाब बताया। हुस्नबानो हातिम का जवाब सुनकर प्रसन्न हुई। अब बारी थी तीसरे सवाल की। हुस्नबानो ने हातिम को तीसरा सवाल बताते हुए कहा, 'अब तुम्हें पता लगाना है कि **जैसा करेगा, वैसा भरेगा,** यह किसने और क्यों कहा है?'

हातिम सवाल लेकर जवाब की खोज में निकल पड़ा। इस खोज में हातिम की मदद एक परी ने की। हातिम ने अपनी खोज के दौरान उस परी की भी मदद की थी। उस परी ने हातिम को बताया, 'इन शब्दों का रहस्य उसे कोए-ए-अहमर नामक जगह पर मिलेगा।' हातिम वहाँ जल्दी पहुँच सके इसके लिए परी ने उसे एक जादुई उड़नेवाला कालीन भी दिया।

हातिम जादुई कालीन की मदद से जल्द ही उस जगह पर पहुँच गया। यह एक लाल रंग का पहाड़ था। वहाँ उतरने के बाद हातिम को दूर से आती आवाज़ सुनाई दी जो लगातार कह रही थी, **'जैसा करेगा, वैसा भरेगा'** हातिम आवाज़ की दिशा में चल पड़ा। आवाज़ के निकट पहुँचकर उसने देखा कि एक मज़बूत विशाल पेड़ पर एक बड़ा सा पिंजरा लटका हुआ है, जिसमें एक अंधा बूढ़ा क़ैद है। वही बूढ़ा ज़ोर-ज़ोर से दोहरा रहा था –

'जैसा करेगा, वैसा भरेगा।'

हातिम ने उस बूढ़े को अपनी मिली हुई शक्ति से पिंजरे से मुक्त कर दिया और उससे पूछने लगा, 'तुम कौन हो बाबा, इस पिंजरे में कैसे कैद हो गए?' इस पर बूढ़ा हातिम का शुक्रिया अदा करते हुए कहने लगा, 'मेरा नाम अहमर है, मैं एक व्यापारी हूँ। जब मैं जवान हुआ तो मेरे पिता की मृत्यु हो गई। वे काफ़ी रईस थे। उनके मरने के बाद मुझे बहुत सारी धन-दौलत मिली मगर मुझे उस समय उतनी समझ नहीं थी। अतः मैंने वह सारी दौलत ऐशो-आराम में लुटा दी। मैं कंगाल हो गया।'

'पुरानी कुछ सुनी हुई बातों से मुझे यक़ीन था कि मेरे पिता ने ज़मीन में भी काफ़ी धन-संपदा गाड़ रखी है। जिसे मैं अपने एक मित्र की सहायता से निकालना चाहता था। उसे ज़मीन में गड़े ख़ज़ाने खोज निकालने का अनुभव था। उस मित्र ने इस शर्त पर मेरी मदद की कि मैं उसे ज़मीन से निकले धन का चौथाई हिस्सा दूँगा।'

'मैंने उसकी बात मान ली और वाक़ई उसकी मदद से हमने ज़मीन में छिपा धन ढूँढ़ लिया। मगर जब उसे हिस्सा देने की बात आई तब मेरे मन में लोभ-लालच और बेईमानी आ गई। मैंने उसे कुछ नहीं दिया उलटा मार-पीटकर भगा दिया। मैं उस दौलत से वापस ऐशो-आराम की ज़िंदगी जीने लगा और उस मित्र के बारे में भूल गया, जिसे मैंने धोखा दिया था। मुझे उस बात का कोई पछतावा भी नहीं था।'

कुछ समय बाद मेरा वह मित्र वापस मेरे पास आया और कहने लगा, 'मित्र मैंने तुम्हें नहीं बताया था कि अभी भी ज़मीन में ख़ज़ाने छिपे हुए हैं। मैंने पिछली बार ही देख लिए थे मगर तुम्हें नहीं बताया था। यदि इस बार तुम मुझसे ईमानदारी रखते हो तो मैं तुम्हें ऐसी कला सिखा सकता हूँ, जिससे तुम ज़मीन में कहीं भी गड़े धन, रत्न आदि का पता लगा सको। इससे तुम मालामाल हो जाओगे।'

दूसरी बार भी मैं लालच के वशीभूत होकर उसकी बातों में आ गया। यह भी नहीं सोचा कि भला वह क्यों मुझे ऐसी कला सिखाएगा, जबकि मैंने उसके साथ इतना बुरा व्यवहार किया था। ख़ैर, उसने मुझे एक दवाई दी

और कहा, 'यह चमत्कारिक दवाई है, इस दवा को आँख में डालते ही तुम्हें ज़मीन के अंदर गड़ा धन, सोना, रत्न आदि दिखाई देने लगेंगे। फिर तुम उन्हें सहजता से बाहर निकाल सकते हो।' मैंने जैसे ही वह दवाई अपनी आँखों में डाली, मैं अंधा हो गया। उसने मुझसे बदला लेने के लिए यह सब स्वाँग रचाया था। फिर उसने मुझे यहाँ लाकर इस पिंजरे में क़ैद कर दिया। तबसे मैं यहीं पड़ा तड़प रहा हूँ और अपनी करनी पर पछता रहा हूँ। जैसी मेरी हालत हुई, वैसी किसी और किसी की न हो इसलिए यह संदेश दोहराता रहता हूँ – **'जैसा करेगा, वैसा भरेगा'** ताकि लोग मेरी हालत से सीख लें।'

हातिम को उस पश्चाताप में जलते अंधे बूढ़े पर बड़ी दया आई। हातिम ने उससे पूछा, 'क्या कोई ऐसा उपाय है जिससे आपकी आँखों की रोशनी वापस आ सके?' बूढ़े ने कहा, 'उपाय तो है मगर उस तक पहुँचना बहुत मुश्किल है। एक विशेष प्रकार की घास है जो घने जंगल में मिलती है, उसका रस आँखों में डालने से वे ठीक हो जाएँगी। मगर समस्या यह है कि उस घास के चारों तरफ़ बड़े विषैले साँप-बिच्छू आदि घूमते रहते हैं। अतः जो भी उस घास को लेने जाएगा जीवित नहीं बचेगा।'

परोपकारी हातिम ने बूढ़े को आश्वासन देते हुए कहा कि वह अवश्य ही उस घास को लेकर सही-सलामत उसके पास पहुँचेगा। हातिम जादुई कालीन की मदद से बूढ़े के बताए स्थान पर पहुँच गया। कालीन से उतरते ही उसने रीछ पत्नी द्वारा दी गई जादुई मणि निकाली और ज़मीन पर रख दी। उस मणि के प्रभाव से वहाँ उपस्थित सभी विषैले जन्तु मर गए। हातिम ने मन ही मन अपनी पत्नी को धन्यवाद दिए और घास लेकर अंधे बूढ़े के पास लौट आया। उसने घास के रस को बूढ़े की आँखों में डाल दिया। बूढ़े की आँखें ठीक हो गईं। उसने हातिम को बहुत धन्यवाद और दुआएँ दीं। इसके बाद हातिम ने उसे जादुई कालीन पर बिठाकर उसके नगर छोड़ दिया।

बूढ़े ने इस परोपकार के बदले हातिम को उपहार स्वरूप बहुत धन-दौलत देनी चाही मगर हातिम ने कुछ भी लेने से इनकार कर दिया। यह सब उसने किसी लाभ के उद्देश्य से तो नहीं किया था। **'नेकी कर दरिया में डाल'** उसकी तो यही निःस्वार्थ सोच थी। उसे रास्ते में जो भी

दुःखी, परेशान मिलता, वह निःस्वार्थ भाव से उसके दुःख दूर करता जाता।

हातिम को हुस्नबानो के तीसरे सवाल का जवाब मिल गया था, जिसे सुनाने वह वापस हुस्नबानो के महल की ओर चल पड़ा।

अध्याय 8

कौन बनेगा क्षमापति

तीसरे सवाल का प्रयोग

कहानी के तीसरे सवाल में हमें बहुत गहरी समझ मिलती है – 'जैसा करेगा–वैसा भरेगा।' वास्तव में यही कुदरत का नियम है। जैसी इंसान की सोच और उसके कर्म होते हैं, वैसा ही कर्मबंधन बनता है और वैसा ही उस कर्म का फल उसके आगे भाग्य के रूप में आता है। सामान्यतः कर्मों के बारे में इंसान की दो ग़लत धारणाएँ हैं :

1. जब तक क्रिया में कुछ नहीं किया जाता तब तक कोई कर्म नहीं हुआ अर्थात किसी को जुबान से गाली दी तो ही बुरा कर्म हुआ, मन में गाली दी तो कुछ बुरा कर्म नहीं हुआ।

2. सजीव जैसे इंसान, जानवर आदि के प्रति आपसे कोई ग़लती हो जाए तो ही बंधन बनता है। यदि किसी वस्तु के प्रति कोई ग़लती हो जाए, जैसे वह आपके हाथ से गिर जाए, आपकी लापरवाही से ख़राब हो जाए, टूट जाए तो इसका बंधन नहीं बनता।

ये दोनों ही धारणाएँ ग़लत हैं। सच्चाई यह है कि विचार और भाव के स्तर पर किए गए कर्मों का भी बंधन बनता है। भावों में यदि द्वेष, ग्लानि, नफ़रत, क्रोध, अहंकार आदि हैं तो उसका भी बंधन बनता है। साथ ही निर्जीव वस्तुओं के प्रति बुरा सोचने, करने या लापरवाही बरतने से भी हलका ही सही लेकिन कर्मबंधन बनता है क्योंकि जड़ में भी उसी एक चेतना

का वास है, जिसका चेतन में है।

अब तो विज्ञान ने भी इस बात को प्रमाणित कर दिया है कि प्रत्येक पदार्थ या कण चाहे जड़ हो या चेतन (हमारा शरीर) मूलतः एक तरंग ही है। संसार में ऐसे अनेक महापुरुष, संत, योगी आदि हुए हैं, जिन्होंने ध्यान समाधि के द्वारा इस सत्य को सदियों पूर्व ही प्रकाश में ला दिया था। इसीलिए उन्होंने कहा, 'पत्थर में भी भगवान है, जड़ में भी चेतन है।'

कर्म बंधनों से कैसे बचें?

अपने भाव, विचार, वाणी से इंसान हर क्षण कर्म बंधनों (लकीरों) का निर्माण कर रहा है। इन बंधनों को मिटाकर ही मुक्ति के द्वार खुलते हैं। अब सवाल यह है कि ऐसा क्या करें जिससे कर्म बंधन ही न बने?

इसका जवाब है, जब इंसान हर कार्य अकर्ता भाव (कर्म मैं नहीं बल्कि ईश्वर कर रहा है, मैं बस निमित्त मात्र हूँ की समझ) से करता है, हर घटना को केवल साक्षी बनकर देखता है और साक्षी बनकर ही उपस्थित रहता है तो उसके द्वारा हो रहे कर्म का कोई बंधन नहीं बनता। जैसे ही इंसान व्यक्ति (नक़ली मैं, अहंकार) बनकर सोचता है कि 'यह मैंने किया', वैसे ही कर्म बंधन के जाल में अटक जाता है।

कुरुक्षेत्र के मैदान में श्रीकृष्ण ने अर्जुन को उसकी गीता समझाई। उसे उसकी सही पहचान (सेल्फ़) में स्थापित किया। जिससे उसके मोह, आसक्ति, संशय और दुःख दूर हुए। उसके भीतर का 'मैं' भाव (व्यक्ति, अहंकार) टूटा। उसने 'मैं कर रहा हूँ' का भाव त्यागकर 'ईश्वर ही कर रहा है, मैं मात्र साक्षी हूँ' के भाव में स्थापित होकर युद्ध किया। कहने को युद्ध में उसके हाथों से कितना रक्तपात हुआ, फिर भी उन कर्मों से कोई बंधन नहीं बना क्योंकि अर्जुन का हर कर्म, अकर्म हो गया था। अब उसके शरीर में कोई अर्जुन नहीं था बल्कि वहाँ से भी कृष्ण (सेल्फ़) ही अभिव्यक्ति कर रहे थे।

बने बंधन कैसे मिटें

यह कहना बहुत आसान है कि अकर्ता भाव से कर्म करें लेकिन इसे साधना बहुत मुश्किल है। इसके लिए लगातार सत्य श्रवण, पठन, मनन, निःस्वार्थ सेवा और गुरु की आज्ञा में रहना होगा। वरना तो ज़रा सा काम किया, मन तुरंत उस पर ठप्पा लगाना चाहता है कि 'मैंने किया।' इसलिए जब तक अकर्ता भाव में स्थापित नहीं हो जाते, कर्मों के बंधन बनते रहेंगे। मगर एक ऐसी तरक़ीब है, जिससे इन बंधनों को बनते ही मिटाया जा सकता है। यहाँ तक कि पुराने बंधनों को भी मिटाया जा सकता है और यह तरक़ीब है, 'क्षमा साधना।'

क्षमा साधना का जादू

क्षमा ऐसी जादुई शक्ति है जिसके अनगिनत सांसारिक और आध्यात्मिक लाभ हैं। यह हमारे भीतर से नफ़रत, द्वेष, अहंकार को मिटाती है। मन की शुद्धता, पवित्रता बढ़ाती है। कर्मबंधन मिटाती है। यह इंसान को अंदर से ख़ाली कर उसमें आनंद, शांति और प्रेम भरती है। उसे ईश्वरीय अभिव्यक्ति के लिए तैयार करती है। जिन्हें ख़ुद से प्रेम है, जो खिला, खुला, आनंदित जीवन जीना चाहते हैं, उन्हें न क्षमा देने में परहेज होती है, न माँगने में।

क्षमा साधना सांसारिक सफलता की भी कुंजी है। इससे आपके व्यावसायिक, पारिवारिक तथा सामाजिक सभी तरह के रिश्ते सुधरते हैं। आपका व्यवहार सभी से मित्रतापूर्ण हो जाता है। आप प्रसन्नचित नज़र आते हैं, जिससे लोग आपको और आपके साथ को पसंद करते हैं। पुरानी बातों को पीछे छोड़ आगे बढ़ने के कारण आपकी सकारात्मक ऊर्जा बढ़ती है। इन सभी कारणों से हर क्षेत्र में सफलता आपके कदम चूमती है। यही नहीं 'क्षमा साधना' करनेवालों का मानसिक और शारीरिक स्वास्थ्य बहुत अच्छा रहता है। उनके अंदर बीमारियाँ पनपने के मौक़े बहुत कम होते हैं। वे हर समस्या से मुक्त होकर सुखी, समृद्ध, स्वस्थ, सफलता और प्रसन्नताभरा जीवन जीते हैं।

क्षमा साधना कैसे करें

क्षमा माँगने या देने का कोई निश्चित तरीक़ा नहीं है। चाहे कोई भी शारीरिक मुद्रा हो, कोई भी शब्द हो, बस क्षमा प्रार्थना पूरे हृदय से, पूरे भाव के साथ होनी चाहिए।

यदि आपको किसी से सीधे क्षमा माँगनी है तो आप कह सकते हैं –

'मैंने आपको अपने भाव, विचार, वाणी या क्रिया से जो भी दुःख पहुँचाया है, उसके लिए कृपया मुझे क्षमा करें। मैं आगे से ध्यान रखूँगा कि मुझसे ऐसी ग़लती दोबारा न हो। आपका बहुत बहुत धन्यवाद।'

यदि सीधे क्षमा माँगना संभव नहीं है तो मन ही मन पूरे भाव से उस व्यक्ति से क्षमा माँगें। आप स्वयं के अपराधबोध या ग्लानि के लिए भी इंसाफ़ के ईश्वर (इकाई, सेल्फ़) से क्षमा प्रार्थना कर सकते हैं :

मुझे, मुझे माफ़ करने में मदद करो

मुझे, मुझे साफ़ करने में मदद करो

मुझे, मुझे स्वीकार करने में मदद करो

मेरा इन–साफ़ करो

यहाँ इन–साफ़ का अर्थ – विचारों की आंतरिक सफ़ाई से है। ख़ुद को मन ही मन कहें, 'मैं तुम्हें माफ़ करता हूँ। मेरे जीवन में आज तक जो भी मेरे द्वारा हुआ है, उन सबके लिए मैं तुम्हें क्षमा करता हूँ। जाने–अनजाने में जो भी बंधन बने हैं, उन सबके लिए मैंने तुम्हें क्षमा किया है। इंसाफ़ का ईश्वर भी मुझे क्षमा करे। धन्यवाद...धन्यवाद...धन्यवाद।'

क्षमा पाने की अवस्था को महसूस करें। ख़ुद को माफ़ करते ही आपको बहुत बड़ा फ़र्क़ महसूस होगा। आप हलका महसूस करेंगे।

जहाँ आपको अपनी नहीं बल्कि दूसरों की ग़लती नज़र आ रही है, वहाँ उसे क्षमा करें, साथ ही अपने लिए भी क्षमा माँगें। आपको इसलिए क्षमा माँगनी है क्योंकि आप उसे शरीर करके देख रहे हैं। आप उसके अंदर जो चेतना है, वह नहीं देख रहे हैं। यह आपकी मूल ग़लती है। इस ग़लती

के लिए आपको ईश्वर से क्षमा प्रार्थना करनी चाहिए :

'मुझे क्षमा करो क्योंकि ज्ञान होने के बावजूद भी
मैं लोगों को व्यक्ति (अलग अस्तित्व) करके देख रहा हूँ।
मैंने इस इंसान के अंदर तुम्हें नहीं देखा।
मैंने देखा एक व्यक्ति, मैंने देखा अहंकार, मैंने देखी नफ़रत।
यह मेरे देखने का दोष था।
मेरे उस दोष के लिए मुझे क्षमा करो।
हम दोनों को क्षमा करो।'

जब भी कोई समस्या दिखे घर में, बाहर, देश में, विश्व में तो इस तरह क्षमा प्रार्थना करें :

'हे ईश्वर,
मैं क्षमाप्रार्थी हूँ, मेरे विचारों से
इस समस्या में जो थोड़ा भी
नकारात्मक योगदान हुआ है,
उसके लिए कृपया मुझे क्षमा करो।'

इस तरह से विश्व की नकारात्मकता में जो आपका हिस्सा है, उसे निकाल दें और उसमें अपने सकारात्मक, रचनात्मक, अच्छे विचारों का योगदान दें। अगर हरेक ने ऐसा किया तो वैश्विक स्तर पर पूरी नकारात्मकता समाप्त होकर सकारात्मकता का निर्माण होगा।

आपने क्षमा प्रार्थना सीखी और उसका महत्त्व जाना। इस तरह से जब भी किसी के प्रति मन में नफ़रत या शिकायत जगे अथवा आपसे कोई ग़लती हो जाए, उस बंधन को जल्द से जल्द क्षमा प्रार्थना द्वारा मिटा डालें। कम से कम रात को सोने से पहले नियम बना लें। पूरे दिन की घटनाओं को सामने लाएँ। जिसके प्रति भी दुर्व्यवहार हुआ हो, उनसे क्षमा माँगें और प्रार्थना करें। कोई भी बंधन अगले दिन के लिए न छोड़ें ताकि सुबह उठकर कोई पुराना विचार आपको तंग न करे। बोनस में आप अपने जीवन में समस्याओं को सुलझते हुए देखेंगे।

आपके लिए तीसरा सवाल

आपके लिए जो तीसरा सवाल है, वह आपको कर्म बंधनों से ख़बरदार करता रहेगा, आपको सचेत रखेगा। अतः जब भी कोई बंधन बनता दिखे, तुरंत ख़ुद से पूछें – **'कौन बनेगा क्षमापति? बाय क्षमा दृष्टि?'**

कौन बनेगा करोड़पति तो आपने सुना है मगर यह है, 'क्षमा दृष्टि के द्वारा, कौन बनेगा क्षमापति?' आपकी क्षमा दृष्टि आज किस पर पड़नेवाली है? जो-जो सामने आते जाएगा, जहाँ आपको क्लिक होगा कि यहाँ पर मुझे क्षमा माँगनी है या देनी है, तुरंत क्षमा का डस्टर घुमाएँ। यदि बंधनों को तोड़कर आज़ादी का आनंद लेना है तो क्षमा को अपने जीवन का अंग बना लें। आइए, क्षमा के जादू को एक कहानी के माध्यम से समझते हैं।

एक छोटा दुकानदार था। उसकी गुज़र-बसर करने लायक़ कमाई हो जाती थी। अतः वह अपने रोज़गार से ख़ुश और संतुष्ट था। मगर एक दिन उसे मालूम पड़ा कि उसकी दुकान के सामने एक सुपरमार्केट खुलनेवाला है। यह जानकर वह बहुत परेशान हो गया कि जब सामने इतना बड़ा सुपर मार्केट होगा तब उसकी छोटी सी दुकान में कौन सामान खरीदने आएगा। उसका तो सारा बिज़नेस ही ठप्प हो जाएगा।

परेशानी की इस अवस्था में वह अपने गुरु के पास गया और उन्हें सारी बात कह सुनाई। उसने गुरु से पूछा – 'अब आप ही बताइए, मैं क्या करूँ?' गुरु ने उसे बताया – 'रोज़ सुबह जब तुम सैर के लिए जाते हो तब कुछ क्षण अपनी दुकान के सामने खड़े होकर उसे प्रेम से देखना और उससे क्षमा माँगना।'

यह सुनकर उस इंसान को आश्चर्य हुआ कि मुझे मेरी दुकान से किस बात के लिए क्षमा माँगनी है? गुरु ने कहा, 'तुमको इसलिए क्षमा माँगनी है कि इतने दिन तक वह तुम्हें रोज़गार देती रही, तुम्हारा और तुम्हारे परिवार का पालन-पोषण करती रही मगर तुमने उसे कभी धन्यवाद नहीं कहा। इस बात के लिए तुम्हें क्षमाप्रार्थी होना चाहिए। अतः गुरु को साक्षी रखकर उससे क्षमा माँगो कि कृपया मुझे क्षमा करें।'

इसके बाद गुरु बोले, 'इतना ही नहीं, वह जो सुपरमार्केट बन रहा है, उससे भी तुमको क्षमा माँगनी है कि तुम्हारे लिए मेरे मन में बुरे विचार आए... मैंने तुमसे नफ़रत की... तुम्हारा बुरा चाहा... इसके लिए मैं क्षमाप्रार्थी हूँ।' हालाँकि उस इंसान को निर्जीव दुकानों से क्षमा माँगने का तात्पर्य समझ नहीं आया था, फिर भी गुरु की आज्ञा के कारण उसने ऐसा करना शुरू किया।

एक महीने बाद वह वापस गुरुजी के पास आया और कहने लगा, 'गुरुजी, मैं अपनी दुकान बंद कर रहा हूँ।' गुरुजी ने पूछा – 'क्यों... क्या हो गया?' तो दुकानदार खुश होकर बोला – 'वह जो सामने सुपरमार्केट खुल रहा है न, वह मुझे चलाने के लिए दे दिया गया है।' उसकी बात सुन गुरुजी बहुत प्रसन्न हुए। उन्होंने पूछा – 'यह चमत्कार कैसे हो गया?' उसने बताया – 'मैं रोज़ सुबह सैर के लिए जाता था और आपके कहे अनुसार, दुकान एवं सुपरमार्केट दोनों से क्षमा माँगता था और उन्हें धन्यवाद भी देता था। वहाँ पर उस सुपरमार्केट का मालिक भी सैर के लिए आता था। मेरी उससे दोस्ती हो गई। बातों-बातों में एक दिन उसने मुझसे पूछा कि तुम यह क्षमा क्यों माँगते हो? मैंने उसे सारी बात बताई। उसे यह बात बहुत पसंद आई। उसने मुझसे कहा, 'तुम्हारी विनम्रता, सच्चाई और काम के अनुभव के कारण मैं तुम्हें यह सुपरमार्केट चलाने का ऑफ़र देता हूँ।'

देखा आपने क्षमा का जादू! अगर वह दुकानदार उस सुपरमार्केट के मालिक के प्रति नफ़रत से भरा होता तो उसका व्यवहार कैसा होता, उनमें दोस्ती संभव ही न थी, क्षमा ने उसके विचारों को शुद्ध बनाया, उसे विनम्र और सकारात्मकता का चुंबक बनाया इसलिए उसके जीवन में ऐसा मौक़ा आना संभव हुआ।

बड़ी क्षमा साधना का छोटा मंत्र – 'हेल्प'

कई बार जीवन की गति इतनी तेज़ होती है कि रुककर, ठहरकर हम पूरी तरह से क्षमा साधना नहीं कर पाते हैं। अगर भाव क्षमा के हों तो शॉर्ट में भी क्षमा साधना कर सकते हैं। जैसे ही लगा कि मन में ग़लत विचार आया, तुरंत शार्ट में एक शब्द से क्षमा माँग लें। यह एक शब्द है – 'हेल्प' HELP।

वैसे तो सहायता माँगने के लिए 'हेल्प' का प्रयोग किया जाता है मगर क्षमा साधना में यह शार्ट फ़ॉर्म है, जिसका पूरा अर्थ है :

एच   –   हील (ठीक करो)

ई   –   एवरी (इस घटना से जुड़ी हुई हर लकीर)

एल   –   लकीर (कर्म बंधन)

पी   –   प्रवृत्ति

यह हेल्प ईश्वर से माँगी जा रही हेल्प है, जो आपका कर्मबंधन मिटाएगी। यह हेल्प पूरे हृदय से, भाव से कहेंगे तो लंबी क्षमा प्रार्थना जितनी ही असरदार होगी। अतः अपने आपमें कम से कम हेल्प कहने की तो आदत डाल लें। याद रखें, जब आप ईश्वर से हेल्प माँगते हैं तो गुरु मिलते हैं। गुरु से हेल्प माँगते हैं तो ईश्वर मिलते हैं और जब आप दोनों से हेल्प माँगते हैं तो आप दूसरों की हेल्प करने लगते हैं अर्थात निःस्वार्थ जीवन जीनेवाले हातिम बन जाते हैं।

अध्याय 9

सच की जीत निश्चित है

चौथा सवाल

तीसरे सवाल के जवाब की रोमांचक और प्रेरणादायक सत्यकथा लेकर हातिम हुस्नबानो के पास वापस पहुँचा। हुस्नबानो हातिम के साहस और सफलता से बेहद प्रसन्न थी वरना तो आज तक कोई उसके पहले सवाल का जवाब भी खोजकर नहीं ला सका था। अब बारी चौथे सवाल की थी।

हुस्नबानो ने हातिम से कहा, 'मैं तुम्हारे हौसले और निःस्वार्थ जज़्बे की क़द्र करती हूँ। अब तुम्हें पता लगाना है कि ये पंक्तियाँ किसने और क्यों कहीं – **सत्यवादी सदा सुखी** यानी सच बोलनेवाला हमेशा सुखी रहता है।' चौथा सवाल सुनकर हातिम अपनी अगली खोज की यात्रा के लिए पुनः जोश से भर उठा।

हातिम की यह यात्रा भी रहस्यों और आश्चर्यों से भरी थी। चलते–चलते वह एक ऐसी रहस्यमयी जादुई जगह पहुँचा, जहाँ परियों का राज़ था। हातिम जादू के असर में आकर परियों की ख़ूबसूरत रानी से विवाह करना चाहता था पर जैसे ही हातिम ने अपनी इच्छा प्रकट की, परियों का वह जादुई महल ग़ायब हो गया। यह देखकर हातिम उलझन में पड़ गया। उसकी उलझन देखकर वहाँ एक बूढ़ा प्रकट हुआ, जिसने हातिम का हाथ पकड़कर उसे वापस उसी जादुई नगरी में पहुँचा दिया।

उस बूढ़े ने हातिम को बताया, 'तुम परियों की रानी से विवाह ज़रूर करो ताकि उसके दुष्ट राक्षस जादूगर पिता को मृत्यु का सबक़ मिले।' हातिम ने बड़े हौसले के साथ उस दुष्ट जादूगर का सामना किया। जादूगर ने हातिम पर अनेक वार किए, उस पर जादुई मंत्र छोड़े मगर हातिम अपनी जादुई मणि के प्रभाव से उसके हर वार से सुरक्षित बच गया। हातिम की मणि के सामने जादूगर का सारा जादू बेअसर हो गया। अंततः हातिम ने अपनी वीरता से जादूगर को मार डाला। उस जादूगर के मरते ही परियों का सारा तिलस्म टूट गया और सब परियाँ आज़ाद हो गईं। हातिम ने परियों की रानी से विवाह कर लिया। कुछ समय वहाँ सुख पूर्वक बिताने के बाद हातिम को पुनः मुनीरशाह को दिए वचन की याद आई और वह चौथे सवाल के जवाब की खोज में अपनी पत्नी से विदा लेकर आगे बढ़ गया।

इस तरह अनेक जोखिम उठाकर और लोगों के बताए संकेतों से वह करम नामक शहर जा पहुँचा। जहाँ उसे पता चला कि उस शहर के एक महल पर हुस्नबानो के सवाल की पंक्ति लिखी हुई है – **'सत्यवादी सदा सुखी।'** हातिम लोगों से उस महल के बारे में पूछताछ कर, अंततः अपनी मंज़िल के क़रीब पहुँच गया।

महल के दरवाज़े पर पहुँचकर हातिम ने चौकीदार के हाथों संदेश भिजवाया, 'मैं इस महल के मालिक से मिलना चाहता हूँ।' साथ ही उसने अपने वहाँ आने का उद्देश्य भी बताया।' हातिम का संदेश पाकर महल का मालिक हातिम से मिलने आ गया। वह इंसान उम्र से तो बूढ़ा दिखाई दे रहा था मगर उसकी चाल-ढाल, चेहरे की रौनक़ और शारीरिक गठन नवयुवकों जैसी थी। उसने हातिम का स्वागत-सत्कार किया। आरंभिक परिचय देने के बाद हातिम ने उसे सारी आपबीती कह सुनाई। हातिम ने उस वृद्ध से कहा, 'मुझे इस पंक्ति का रहस्य समझना है और आपकी भी कहानी जाननी है कि आपके जीवन में इसकी ऐसी क्या भूमिका है, जो आपने इसे अपने महल पर अंकित करवा रखा है?'

हातिम की विनती (प्रार्थना) पर उस बूढ़े ने अपनी कहानी बतानी शुरू की, 'मैं अपनी जवानी के दिनों में एक चोर था और बड़ी-बड़ी चोरियाँ

करता था। साथ ही मुझे जुआ खेलने की बुरी लत भी थी। मैं दोस्तों की बातों में आकर उन्हें धन भी दे दिया करता था, जो कभी वापस नहीं मिलता था। इस तरह से चोरी करके मैं धनवान बन जाता और बार-बार कभी जुए में तो कभी दोस्ती के चक्कर में चोरी किया धन गँवा देता था। मेरा ऐसा ही जीवन चल रहा था। मगर इन सभी दुर्गुणों के साथ मुझमें एक गुण भी था। चाहे जो भी परिस्थिति आए, मैं हमेशा सच बोलता था।'

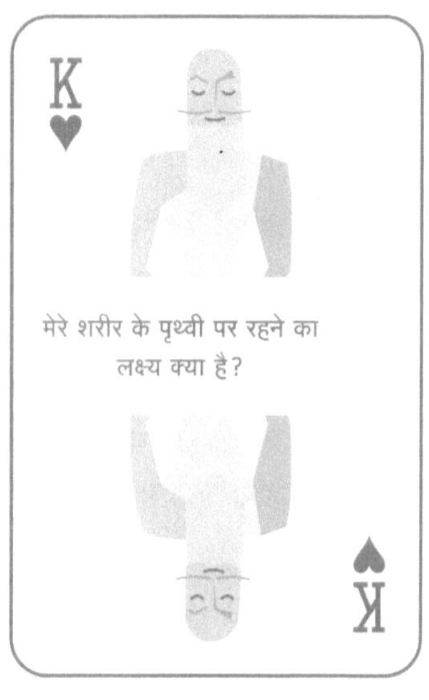

'एक दिन मैंने राजा के महल में चोरी कर, बहुत सारा धन-आभूषण आदि प्राप्त किया और सैनिकों से बचकर जंगल में भाग गया। वहाँ मुझे कुछ लोग मिले। उनसे कुछ देर बातें करके मैं समझ गया कि वे भी मेरी ही तरह चोर-लुटेरे हैं। उन्होंने मुझसे जंगल में छिपने का कारण पूछा। हालाँकि मैं उन्हें बताना नहीं चाहता था कि मेरे पास इतना धन है मगर अपनी सच बोलने की आदत के कारण मैं उनसे झूठ न बोल सका और उन्हें सब सच-सच बता दिया। सच जानकर उनकी आँखों में चमक आ गई और वे मुझे ही लूटने लगे।

तभी जोर से बिजली कड़की और धरती काँपने लगी। अचानक वहाँ बादलों के बीच से एक फ़रिश्ता प्रकट हुआ, जिसे देखकर वे चोर डरकर भाग गए। उस फ़रिश्ते ने मुझसे कहा – 'तुम एक सच्चे और नेक इंसान हो, फिर चोरी करने और जुआ खेलने जैसे बुरे काम क्यों करते हो। यदि तुम मुझे ये दोनों बुरी आदतें छोड़ने और नेक काम करने का वचन दोगे तो मैं भी वचन देता हूँ कि सदा तुम्हारी रक्षा करूँगा।'

फ़रिश्ते की बातें सुनकर मेरी आँखें खुल गईं। मेरी सच बोलने की एक आदत मेरी बाक़ी सारी बुराइयों पर भारी पड़ गई थी। इसी एक आदत के कारण उस फ़रिश्ते ने मेरी जान बचाई थी। मैंने उसे वचन दे दिया, उसने मुझसे कहा कि जाओ और इस आख़िरी चोरी के धन से ईमानदारी की एक नई ज़िंदगी शुरू करो। ऐसा कहकर वह फ़रिश्ता ग़ायब हो गया।'

'मैंने हमेशा के लिए बुरे काम छोड़ दिए और उस आख़िरी चोरी के धन से व्यापार शुरू किया, जिसमें मुझे बड़ी सफलता मिली। फिर मैंने यह आलीशान महल बनवाया और ईमानदारी से जीवन जीने लगा। मेरी सच्चाई और ईमानदारी से भरा सफल जीवन देखकर, मेरे पुराने दोस्त मुझसे जलने लगे और उन्होंने मेरी शिकायत राजा से कर दी कि आपके यहाँ चोरी करनेवाला आज शान से रईसी और चैन की ज़िंदगी जी रहा है।'

'राजा ने मुझे अपने दरबार में बुलावा भेजा और मुझसे पूछा कि यह दौलत तुमने कैसे प्राप्त की? कौन सा व्यापार किया? मैं बहुत डर गया था कि जब राजा को सच पता चलेगा कि मैं ही महल का चोर हूँ तो वे मुझे निश्चय ही मृत्युदंड देंगे। फिर भी अपनी सच बोलने की आदत के कारण मैंने उन्हें सब सच-सच बता दिया। राजा को झटका लगा मगर उन्हें मेरा सच बोलना अच्छा भी लगा। राजा ने मुझसे कहा, 'तुम सत्यवादी हो, साथ ही बुरे काम भी छोड़ चुके हो इसलिए हम तुम्हें क्षमा करते हैं। जाओ, सच्चाई से ही जीवन जीओ।'

'मैंने जीवन में अच्छा व्यापार, प्रतिष्ठा, धन, सुख सब कुछ कमा लिया था और राजा ने मुझे क्षमा कर अपना मित्र भी बना लिया था। अब मैंने सोचा, जिस एक गुण के कारण मेरी क़िस्मत खुली वह गुण लोगों को भी पता चलना चाहिए ताकि वे भी उसे अपना सकें। अतः मैंने अपने महल के दरवाज़े पर बड़े-बड़े अक्षरों में लिखवा दिया, **'सत्यवादी सदा सुखी'** यानी सत्य बोलनेवाला हमेशा ख़ुश रहता है।'

हातिम को उस बूढ़े की कहानी बड़ी रोचक लगी। उसने बूढ़े को धन्यवाद दिया और वापस हुस्नबानो के देश की ओर चल पड़ा, उसे चौथे सवाल का जवाब देने और अगला सवाल लेने के लिए...।

अध्याय 10

जो मिला, वह कितने किलो का

चौथे सवाल का भार

तिम की चौथे सवाल के जवाब की खोज हमें एक महत्त्वपूर्ण संदेश देती है कि हमें हर हाल में झूठ और कपट से बचकर सत्य पर टिके रहना चाहिए। भले ही उस समय सच्चाई पर टिके रहना मुश्किल और पीड़ादायक लग रहा हो मगर यह उस झूठ से पैदा होनेवाली मुश्किलों और पीड़ाओं से बेहतर ही होगा।

इंसान अनेक तरह के झूठ बोलता है। कुछ जान-बूझकर, कुछ मजबूरी में और कुछ अनजाने में। कुछ झूठ तो इतने सूक्ष्म स्तर पर होते हैं, जिनके बारे में उसे पता ही नहीं चलता कि ये भी झूठ हैं। कुछ झूठ बाहरी तौर पर बोले जाते हैं और कुछ झूठ ऐसे भी होते हैं जो इंसान बेहोशी में बोलता है। झूठ से मुक्त होने के लिए झूठ के हर पहलू को समझना आवश्यक है। आइए, देखते हैं झूठ कैसे-कैसे होते हैं।

दोहरे जीवन का झूठ

इंसान जब लोभ-लालच में आकर लोगों के साथ कपट करने लगता है तब वह दोहरा जीवन जीता है। एक जीवन जो वह लोगों को दिखाता है और दूसरा जो वह हक़ीक़त में जीता है। इस तरह वह खंडित जीवन जीता है, जिसे सँभालने के लिए उसे पूरी उम्र संघर्ष करना पड़ता है। इस वजह से वह

सदा शारीरिक और मानसिक तनाव में जीता है। जैसे कुछ लोग अमीर न होते हुए भी दुनिया को दिखाने के लिए उधार माँग-माँगकर रईसी ज़िंदगी जीते रहते हैं। अंततः उनकी असलियत जब खुलती है तब उनके घर भी नीलामी की कगार पर आ जाते हैं। दोहरा जीवन जीनेवाला या मायाजाल में फँसा इंसान स्वयं का अहित तो करता ही है, साथ ही वह जाने-अनजाने में दूसरों को भी कपट करने हेतु प्रेरित करता है।

लालच और झूठ

लालच की वजह से इंसान छोटी-छोटी बातों को लेकर बेवजह अपने आपको उलझन में डाल देता है। उसे लगता है थोड़ा सा झूठ बोलना तो चलता है, इससे किसी को क्या फ़र्क़ पड़ेगा? हक़ीक़त यह है कि कुदरत ने इंसान के लिए हर चीज़ भरपूर बनाई है। हर चीज़ को पाने का तरीक़ा उसे बताया गया है। लेकिन अज्ञान में वह यह सोच लेता है, 'जब तक किसी से छीनूँगा नहीं तब तक मुझे मिलनेवाला नहीं।'

कुछ लोग अपनी प्रशंसा सुनने या अपनी क़ाबिलियत का दूसरों के सामने लोहा मनवाने के लिए झूठ बोलते हैं। कभी-कभी अपने झूठ बोलने की सफलता पर ख़ुश होकर वे अपने परिचितों से इसका ज़िक्र भी करते हैं, 'मैंने फलाँ इंसान को इस तरह से झूठ बोला कि उसने झट से मुझ पर विश्वास कर लिया और मेरा काम हो गया। देखा, मैंने उसे कैसे मूर्ख बनाया!'

कुछ लोग बात-बात पर झूठ बोलने की बीमारी से ग्रस्त होते हैं। कभी घर पर होते हुए भी बच्चों से कहते हैं, 'बेटा, अगर मेरे ऑफ़िस से फ़ोन आए तो कह देना पापा बीमार हैं, डॉक्टर के पास गए हैं।' कहीं पर बेटा मित्रों के साथ दिन भर मटरगश्ती करके घर पहुँचकर माँ से कहता है, 'दिनभर मैं नौकरी के लिए भटकता रहा, कहीं भी नौकरी नहीं मिली। बहुत थक गया हूँ, थोड़ा आराम कर लेता हूँ।' किसी को ऑफ़िस पहुँचने में देरी हो जाए तो फटाफट कोई झूठा बहाना गढ़ देता है। कोई दूसरे के काम का क्रेडिट ख़ुद ले लेता है। होमवर्क पूरा नहीं हुआ तो विद्यार्थी टीचर को झूठ बोल देता है। किसी रिश्तेदार का घर पर आने के लिए फ़ोन आ गया तो कहलवा दिया

जाता है, 'हम घर पर नहीं हैं, बाहर हैं ... ।'

यदि इंसान अपने पूरे दिन की गतिविधियों पर कपटमुक्त होकर मनन करे तो उसे पता चलेगा कि वह दिनभर में कितना झूठ बोलता रहता है ।

केवल दूसरों के साथ ही नहीं, इंसान ख़ुद के साथ भी झूठ बोलता है । जैसे : 'आज मैं बहुत थक गया हूँ इसलिए फलाँ काम नहीं करूँगा... मुझे झूठ बोलना पड़ा क्योंकि मेरी फलाँ-फलाँ मजबूरी थी... यदि मैं गुस्सा और कपट नहीं करूँगा तो मेरे नीचे काम करनेवाले कामचोर हो जाएँगे... मुझ जैसा बदनसीब कोई नहीं...' इत्यादि ।

अज्ञान इंसान को झूठ बोलने पर मजबूर करता है, फिर यह झूठ धीरे-धीरे आदत बनकर उसके व्यक्तित्व का हिस्सा बन जाता है, जिसका उसे पता भी नहीं चलता । छोटी-छोटी बातों पर झूठ बोलना एक तरह का ग़लत संस्कार है और इस संस्कार को इंसान रोज़ बेधड़क गहरा बनाता जा रहा है । उसे इस बात का बोध तक नहीं होता कि यही संस्कार कर्म बंधन बनकर भविष्य में दुःखद फल लाता है ।

उच्च चेतना के साथ झूठ, महाझूठ है

झूठ बोलना, कपट करना एक ग़लत कर्म है, जिसका परिणाम भी ग़लत ही आता है । मगर क्या आप जानते हैं कि सबसे बड़ा झूठ कौन सा होता है? वह जो उच्च चेतना के के साथ बोला जाता है । जितनी ऊँची सामनेवाले की चेतना, झूठ का फल भी उतना ही बड़ा आता है । सबसे उच्च चेतना गुरु की होती है इसलिए गुरु से बोला गया झूठ या किया गया कपट सबसे बड़ा कपट होता है । *महाभारत* की कथा का पात्र दानवीर कर्ण एक महान योद्धा था मगर उसने अपने गुरु परशुराम से शस्त्रविद्या सीखने के लिए झूठ बोला और अपना परिचय छिपाया । उसे इस झूठ का फल एक श्राप के रूप में मिला कि जिस दिन उसे इस विद्या की सबसे अधिक ज़रूरत होगी, उसी दिन यह उसके काम नहीं आएगी ।

जिस तरह डॉक्टर से रोग छिपाकर या बढ़ा-चढ़ाकर बताने से रोगी का ही नुक़सान होता है, ठीक ऐसे ही गुरु से कपट करना अपने ही पैरों पर

कुल्हाड़ी मारने के बराबर होता है। इसलिए स्वयं को ही नुक़सान से बचाने के लिए शिष्य को यह प्रण अवश्य करना चाहिए कि कम से कम गुरु से झूठ न बोले।

सत्य से झूठ पर प्रहार

बाहरी तौर पर बोला जानेवाला झूठ निरंतरता से सत्य श्रवण, मनन, पठन से दूर हो सकता है। सत्य के सत्संग से इंसान को दो महत्त्वपूर्ण बातों की समझ मिलती है। पहली – उसे कर्म सिद्धांत की समझ मिलती है और झूठ के फलस्वरूप बननेवाले कर्मबंधनों के दुष्परिणामों का बोध होता है। दूसरी – उसे कुदरत के नियमों का पता चलता है कि कुदरत ने सब कुछ भरपूर बनाया है। कुछ भी पाने के लिए या सफल होने के लिए उसे कपट करने की ज़रूरत नहीं है। सच्चे ज्ञान से इंसान की सजगता बढ़ती है और यह सजगता उसे झूठ बोलने से रोक लेती है।

यदि आपकी सजगता बढ़ी है तो आगे से कपट न करने का निश्चय करें। साथ ही भूतकाल में या अज्ञानवश बोले गए झूठ और कपट के लिए ईश्वर, गुरु (सेल्फ़) से और उस इंसान से क्षमा माँग लें। सामने नहीं माँग सकते तो मन में ज़रूर माँग लें। इससे उस कपट के फलस्वरूप बना कर्मबंधन टूटेगा या ढीला होगा।

आपके लिए चौथा सवाल

बाहर बोले जानेवाले झूठ से ज़्यादा ख़तरनाक वे झूठ होते हैं जो हम ख़ुद से बोलते हैं। जिन्हें बोलते हुए हमें ज़रा भी आभास नहीं होता कि हम झूठ बोल रहे हैं। बाहरी झूठ पकड़ने में फिर भी आसानी होती है, जिस कारण उससे बचाव अपेक्षाकृत आसान है। जबकि अंदर बोले जानेवाले और माने जानेवाले (राँग बिलीफ़) झूठ को पकड़ना और उनसे बचना मुश्किल होता है।

आपके लिए जो चौथा सवालाखी सवाल है, वह आपकी इस मुश्किल को आसान करेगा। वास्तव में यह सवाल बड़ा शक्तिशाली मंत्र है। इसके लिए आपको बस ख़ुद से सच बोलना है। अतः आगे से जब

भी जीवन में दुःख आए या मन कुछ अपनी बड़बड़ करे, बहाने बनाए तो ख़ुद से यह सवाल पूछें – *जो मिला, वह कितने किलो का?'*

आपको यह सवाल पढ़ने में कुछ अजीब लगा होगा तो आइए, अब इस सवाल को गहराई से समझते हैं।

ज़रा सोचिए, जीवन में आपको क्या-क्या मिलता है? दुःख मिलता है, सुख मिलता है, दर्द मिलता है, अच्छी-बुरी फ़ीलिंग मिलती है, अच्छे-बुरे दृश्य देखने को मिलते हैं, कुछ शब्द-अपशब्द सुनने को मिलते हैं, प्रशंसा मिलती है, निंदा मिलती है... कुछ न कुछ मिलते ही रहता है तो यह जो कुछ भी मिला, वह कितने किलो का है?

ख़ुद से यह सवाल पूछकर इसका सही-सही, पूरा सत्य बताना है, न कि आधा-अधूरा, बढ़ाकर या घटाकर बताना है...। उदाहरण के लिए जब मन कहे, 'अरे बहुत थक गया हूँ' तो ख़ुद से पूछें, 'यह थकान कितने किलो की है, निश्चित कितना थका हूँ... वाकई बहुत थका हूँ या थोड़ा ही थका हूँ... कौन थका है, कमर थकी है, पैर थके हैं या दिमाग़ थका है...? हो सकता है थकान बहुत थोड़ी हो, बस सुस्ती छाई हो। शरीर के कुछ ही अंगों में थकावट हो और मैं नारा लगा रहा हूँ, बहुत थक गया, बहुत थक गया।' तो ख़ुद को पूरा सत्य बताना है क्योंकि सत्यवादी सदासुखी होता है।

मानो, आपको कोई दृश्य दिखा जो परेशान कर रहा है, आपने कोई न्यूज़ सुनी जिसने पूरी चेतना ही गिरा दी तो पूछें, 'यह दृश्य या न्यूज़ कितने किलो की है?' यह मुझे ज़्यादा वज़नदार लग रही है, हो सकता है पाँच ग्राम-दस ग्राम की ही हो, कहीं मेरे विचार ही तो इसका वज़न नहीं बढ़ा रहे हैं...?' इस तरह ख़ुद को सत्य बताना है।

कुछ लोग शब्दों में ज़्यादा अटकते हैं। उदाहरण के लिए सामनेवाले ने ऐसा कहा, बीवी ने वैसा कहा, पति ने बुरा कहा, पड़ोसी ने ऐसा-वैसा कह दिया, बॉस ने अपशब्द कहे...। कई बार कुछ शब्द उन्हें इतने अखरते हैं कि वे ज़िंदगीभर उनसे चिपके रहते हैं। ऐसे में ख़ुद से सवाल पूछें - ऐसी घटनाओं में जो मिला, यह कितने किलो का है? इसके बाद उसकी असलियत खुल जाएगी कि वास्तव में बात इतनी बड़ी नहीं है। हमारा फ़ोकस, हमारे विचार, हमारा अहंकार ही उसे बढ़ा-चढ़ाकर दिखा रहा है।

यदि आपको दुःख हो रहा है यानी कोई नकारात्मक भाव (फ़ीलिंग) है, जो शरीर में कहीं बैठा है, उसे देखें कि वह कितने किलो (महत्त्व) का है? वह शरीर के किस हिस्से में महसूस हो रहा है? सीने पर, नाभि के ऊपर या माथे पर महसूस हो रहा है... किस हिस्से में है? ख़ुद को सत्य बताएँगे तो पता चलेगा कि यह थोड़ा सा ही है और वह भी अस्थायी है। इस तरह दुःख की खोजबीन करने पर ज़्यादातर आप पाएँगे कि आपके देखते ही देखते वह चला भी गया।

दुःख के ही नहीं बल्कि सुख के, तारीफ़ के, क्रेडिट के भावों को भी इस तरह से देखने पर आपकी बेहोशी टूटेगी। आपका उनसे चिपकाव टूटेगा, वे आपको उलझा नहीं सकेंगे। मान लीजिए, किसी ने आपकी झूठी या बढ़ा-चढ़ाकर तारीफ़ कर दी, 'अरे भाई! क्या लग रहे हो...पूरी पार्टी में तुम्हारे जैसा कोई नहीं दिख रहा है...।' अब आप दिनभर उसे ही सोच-सोचकर फूले नहीं समा रहे हैं। ऐसे में सजगता से उस सुखद फ़ीलिंग की भी पूछताछ कर, सच्चाई से उसका दर्शन करें। इस तरह आप उससे बढ़नेवाले अहंकार को भी स्पष्ट रूप से देख पाएँगे।

इस तरह दिनभर की घटनाओं के साथ यह सवाल पूछकर आपकी सजगता बढ़ेगी। बातों को बढ़ा-चढ़ाकर या घटाकर बताने की आदत टूटेगी। वरना बढ़ा-चढ़ाकर देखने से इंसान दुःख को कई गुना बढ़ा देता है। जो मिला ही नहीं वह उसे भी भुगतता है। अपनी अच्छाई या बड़ाई को बढ़ा-चढ़ाकर देखने से अहंकार बढ़ता है। इन दोनों ही स्थितियों से बचने के लिए हमें हर घटना में सत्यवादी बनकर ख़ुद से यह सवाल पूछना है, 'जो मिला, वह कितने किलो का है?'

अध्याय 11

व्यक्ति को सेल्फ़ की पुकार

पाँचवाँ सवाल

हातिम को हुस्नबानो के चौथे सवाल का जवाब मिल चुका था। साथ ही उसे एक महत्त्वपूर्ण सीख भी मिली थी, जिसे हुस्नबानो को बताने वह पुनः उसके देश की ओर चल पड़ा। हुस्नबानो ने बड़ी प्रसन्नता से हातिम का जवाब सुना। अब बारी पाँचवें सवाल की थी। हुस्नबानो ने हातिम से कहा, 'अब तुम्हें कोह-ए-निदा पहाड़ का रहस्य पता लगाना है। उस पहाड़ से आवाज़ें आती हैं। वे आवाज़ें क्या कहती हैं, क्यों कहती हैं... इस बात का पता लगाकर मुझे बताओ।' यह सवाल सुनकर हातिम कोह-ए-निदा पहाड़ की खोज में निकल पड़ा।

बहुत दिनों तक खोजबीन करते हुए, कठिन रास्तों पर चलते-चलते हातिम एक बस्ती में पहुँचा, जहाँ कुछ लोग एक शव के पास बैठकर किसी यात्री के आने का इंतज़ार कर रहे थे। उस बस्ती की प्रथा थी कि जब कोई इंसान मर जाता था तो उसे तभी दफ़नाया जाता था, जब कोई नया यात्री उस बस्ती से गुज़रे। उस यात्री को स्वादिष्ट भोजन कराकर ही उस शव का अंतिम संस्कार किया जाता था। हातिम को गाँव के मुखिया ने रोका और इस प्रथा के बारे में बताया। उसने हातिम से कुछ समय वहाँ विश्राम कर, भोजन करने का आग्रह किया। हातिम भी यात्रा से थका हुआ था अतः उसने आग्रह स्वीकार कर लिया।

गाँव के मुखिया से बातों-बातों में हातिम ने अपनी यात्रा के उद्देश्य की चर्चा की और उसे बताया, 'वह कोहे-ए-निदा पहाड़ को खोजने निकला है।' बस्ती का मुखिया कोह-ए-निदा पहाड़ के बारे में जानता था। उसने हातिम को बताया, 'वह एक बोलनेवाला पहाड़ है, जो बस्ती की दक्षिण दिशा में स्थित है। उस पहाड़ के बारे में सुना गया है कि वह मौत को पुकारता है अतः वहाँ जाने में जान गँवाने का जोखिम हो सकता है।'

हातिम को कोह-ए-निदा पहाड़ का संकेत मिल गया था, जिस कारण वह बहुत ख़ुश हुआ। उसने बस्ती के मुखिया का शुक्रिया अदा किया और अपनी यात्रा में आगे बढ़ गया। कुछ दिनों बाद चलते-चलते हातिम एक दूसरे शहर पहुँचा, जहाँ वह कोह-ए-निदा पहाड़ के बारे में पूछताछ करने लगा। वहाँ के सैनिकों को उस पर कुछ संदेह हुआ तो उन्होंने हातिम को पकड़कर शहर के राजा के सामने प्रस्तुत किया। हातिम ने राजा को सारी आपबीती सुना दी कि वह कोई ग़लत इंसान या चोर-लुटेरा नहीं है बल्कि स्वयं एक राजकुमार है और कैसे अपने मित्र मुनीरशाह की सहायता के लिए कोह-ए-निदा पहाड़ का राज़ खोजने निकला है।

राजा को हातिम की बातों में सच्चाई नज़र आई। वह हातिम के निःस्वार्थ और परोपकारी स्वभाव से बहुत प्रभावित हुआ। राजा ने हातिम से कहा, 'राजकुमार, तुम कुछ दिन यहीं महल में मेरे साथ रहो। तुम्हें ख़ुद ही कोह-ए-निदा पहाड़ का राज़ मालूम पड़ जाएगा।' हातिम ने राजा को धन्यवाद देकर उसका आतिथ्य स्वीकार कर लिया।

एक दिन जब हातिम और राजा भोजन कर रहे थे तब उन्हें एक भयानक सी गूँजती आवाज़ सुनाई दी... 'शीघ्रता से मेरे पास आओ...देर मत करो।' यह आवाज़ बड़ी सम्मोहित करनेवाली प्रतीत हो रही थी, जो कोह-ए-निदा पहाड़ से आ रही थी। तभी हातिम ने एक नौजवान को तेज़ी से उस आवाज़ की दिशा में दौड़ते हुए देखा। उस नौजवान के परिवारवाले उसे रोकने का भरसक प्रयास कर रहे थे। वे रो रहे थे, उससे रुकने की मिन्नतें कर रहे थे मगर वह जबरन उनसे ख़ुद को छुड़ाकर किसी पागल की तरह भाग रहा था। हातिम भी उत्सुकतावश उन लोगों के पास चला गया। पूछताछ करने पर

लोगों ने उसे बताया कि 'कोह-ए-निदा पहाड़ से आ रही आवाज़ें किसी एक इंसान को सम्मोहित करके अपने पास बुला लेती है और फिर वह इंसान कभी वापस लौटकर नहीं आता। इसीलिए उस नौजवान के परिवारवाले उसे जबरन रोकने का प्रयास कर रहे थे।'

हातिम भी उस नौजवान को बचाने उसके पीछे भागा मगर वह देखते ही देखते हातिम की आँखों से ओझल हो गया और कोह-ए-निदा पहाड़ पर चला गया। हातिम बेहद दुःखी हुआ। गाँववालों ने उसे बताया, 'जब भी कोह-ए-निदा पहाड़ लोगों को बुलाता है, कुछ लोग उसकी आवाज़ के जादू में फँसकर उसकी ओर खिंचे चले जाते हैं और फिर कभी वापस लौटकर नहीं आते। हातिम को मालूम था कि इस राज़ का पता लगाने में उसकी जान संकट में पड़ सकती है मगर वह मुनीरशाह के प्रति वचनबद्ध था। अतः वह अपने निश्चय पर अडिग रहा।'

अगली बार जब कोह-ए-निदा पहाड़ से आवाज़ आई तो हातिम भी एक अन्य आदमी के साथ आवाज़ का रहस्य पता लगाने उसकी ओर भागा। पहाड़ के ऊपर एक किला था। वह आदमी उस किले के एक झरोखे से किले के अंदर कूद गया। उसके पीछे-पीछे हातिम ने भी ऐसा ही किया। दोनों किले के अंदर की ज़मीन पर जा गिरे। हातिम अपने पास रखी जादुई मणि के प्रभाव से बच गया मगर उस आदमी की गिरते ही मृत्यु हो गई। तभी वह ज़मीन फटी और उसका शव उसमें समा गया। हातिम विस्मय से यह घटना देखता रहा। वह समझ गया कि दरअसल उस पहाड़ की वह रहस्यमय

आवाज़ जिस इंसान पर अपना असर करती थी, वह उसके लिए मौत का बुलावा होती थी। वह पहाड़ एक नरभक्षी पहाड़ था, जो उस आवाज़ से अपने शिकार को सम्मोहित कर ख़ुद अपने पास बुलाता था।

यह राज़ जानकर हातिम जादुई मणि का प्रयोग कर अपने साहस से अपनी जान बचाकर उस पहाड़ से सकुशल लौटा। वह अपनी इस रोमांचक यात्रा से विस्मित था मगर ख़ुश भी था कि उसे हुस्नबानो के पाँचवें सवाल का जवाब मिल गया था।

अध्याय 12

जैसी हरि इच्छा...

पाँचवें सवाल की खुदाई

आप हातिम की कहानी के जरिए अपनी आध्यात्मिक खोज की यात्रा कर रहे हैं, जिसका पाँचवाँ पड़ाव बेहद महत्त्वपूर्ण है। कोह-ए-निदा पहाड़ ऐसा पहाड़ था, जिसमें एक बार व्यक्ति गया तो पूरा ही ग़ायब हो जाता था। ज़रा सोचिए, ऐसी कौन सी जगह हो सकती है जो पूरे व्यक्ति को ग़ायब कर देती है? यदि कहानी के संकेतों को पकड़ें तो वास्तव में वह जगह नहीं बल्कि एक अवस्था है। वह है - स्वअनुभव की अवस्था... अपने होने के एहसास की अवस्था... ऐसी अवस्था जहाँ इंसान को अपनी वास्तविक पहचान (सेल्फ़) अनुभव से ज्ञात होती है। इसी अवस्था को मोक्ष या आत्मसाक्षात्कार (सेल्फ़ रियलाइजेशन) कहा गया है, जहाँ व्यक्ति यानी अहंकार पूरा ग़ायब हो जाता है। इसके बाद इंसान के शरीर से व्यक्ति की नहीं बल्कि सेल्फ़ की ही अभिव्यक्ति होती है।

भक्त भक्ति में डूबकर इस अवस्था पर पहुँच तो जाता है मगर उसे एक बार छू लेना ही काफ़ी नहीं है। निरंतर इस अवस्था में बने रहना ज़रूरी है क्योंकि अहंकार बार-बार अपना सिर उठा सकता है, अपनी पहचान भुलवा सकता है। ऐसे में पाँचवाँ सवाल आपके अहंकार को विलीन करने में मदद करेगा।

आपके लिए पाँचवाँ सवाल

कोह-ए-निदा पहाड़ से कुछ आवाज़ें आती थी, जो व्यक्ति को विलीन कर देती थीं। पाँचवाँ सवाल आपके लिए ऐसी ही आवाज़ का काम करेगा, जो आपके अंदर के अहंकार को विलीन करेगा। यह है :

'तुम्हें जो लगे अच्छा, क्या वही है मेरी इच्छा?' यह सवाल आपको ख़ुद से बार-बार पूछना है। रोज़मर्रा में ऐसी अनेक घटनाएँ होती रहती हैं, जहाँ हमारे मन के मुताबिक़ कार्य नहीं होता... किसी को कुछ काम कहा था, नहीं किया... अख़बार देर से आया... जल्दी आँख नहीं खुली... ऑफ़िस जाने की जल्दी थी मगर बस देर से आई... ऐसी कई छोटी-छोटी बातों पर भी मन चिड़चिड़ करके अपनी शांति खो देता है। व्यक्ति (अहंकार) हमेशा यही चाहता है कि सब कुछ उसके मन मुताबिक़ होना चाहिए। नहीं हो रहा है तो दुःख मनाता है, क्रोध करता है, बड़बड़ करता है।

ऐसी किसी भी घटना में जहाँ मन ज़रा भी विचलित हुआ, दुःख पैदा हुआ, वहाँ आप ख़ुद से यह सवाल पूछें – **'तुम्हें जो लगे अच्छा, क्या वही है मेरी इच्छा?'** यहाँ पर तुम्हें उस सेल्फ़ या ईश्वर के लिए कहा जा रहा है, जिसकी इच्छा से ही सब कुछ चल रहा है। जो हो रहा है वह उसकी (सेल्फ़ की) इच्छा है और आप जो चाहते हैं, वह आपके अहंकार की इच्छा है। अतः घटना के बीच में मनन करें और ख़ुद को ही जवाब दें कि इस घटना में मैं क्या सोच रहा हूँ? किस तरह सोच रहा हूँ? क्या वाक़ई वह मेरी इच्छा है? जवाब आएगा, आपको दिखाई देगा। उसे ईमानदारी से ख़ुद को बताएँ।

हमारे बड़े-बुज़ुर्गों और संतों ने अलग-अलग तरह से हमें यह सीख दी है कि हमारे साथ जो भी घट रहा है, उसे ईश्वर के प्रति समर्पितभाव से स्वीकार करना चाहिए। उसके प्रति मन में कोई प्रतिरोध नहीं होना चाहिए। बजाय रोने-चिल्लाने के, यही देखना चाहिए कि हम उसमें क्या बेस्ट ऐक्शन ले सकते हैं, जो उस समस्या को दूर करे या कम करे। 'होई है सोई जो राम रचि राखा... जैसी हरि की इच्छा, इंशा अल्लाह, दायविल बी डन, जो हुक्म... तेरी रज़ा, में मेरी रज़ा...' सभी धर्मों में ऐसी अलग-

अलग पंक्ति हैं, जो इंसान को यह सिखाती है कि जो हो रहा है, उसे ईश्वर की इच्छा मानकर स्वीकार करें, उसका प्रतिरोध न करें...।

हरि इच्छा की समझ

जब कुछ बातें हमें अच्छी नहीं लगती तो भले ही हम ज़ुबान से कह दें, 'तुम्हें जो लगे अच्छा, वही मेरी इच्छा' मगर फिर भी हमारी भावना ऐसी नहीं हो पाती क्योंकि हमें इस बात के पीछे की समझ नहीं होती। हरि इच्छा हमें दिल से स्वीकार हो सके, इसके लिए पहले इसके रहस्य को समझना ज़रूरी है। हरि इच्छा के दो पार्ट होते हैं। पार्ट वन (भाग–1) और पार्ट टू (भाग–2)। जो समस्या हमें वर्तमान में दिख रही है, जिसे हम स्वीकार नहीं कर पा रहे हैं या जिसमें दुःखी हो रहे हैं, वास्तव में वह आधी हरि इच्छा है। वह हरि इच्छा का पहला भाग (पार्ट वन) है, दूसरा भाग (पार्ट टू) तो अभी आना बाक़ी है।

जैसे एक एक्टर का दाँत टूट गया और वह दर्द में है। अब उसका मन 'तुम्हें जो लगे अच्छा...' नहीं कह पाता क्योंकि उसे अच्छा नहीं लग रहा। इस समय यह समस्या हरि इच्छा पार्ट वन है। आगे चलकर उस एक्टर को एक फिल्म के लिए साइन कर लिया गया, जिससे अब वह बहुत ख़ुश है और ईश्वर को धन्यवाद दे रहा है। इस समय उसे उस टूटे दाँत की पीड़ा का ज़रा भी अनुभव नहीं है। वास्तव में उस टूटे दाँत की वजह से उसकी मुस्कराहट में जो फ़र्क़ आ गया, उस वजह से ही उसका उस भूमिका विशेष के लिए चयन हुआ। यह हरि इच्छा पार्ट टू था, जो उसे दर्द के समय दिखाई नहीं दिया था। कितना अच्छा होता यदि वह एक्टर उसी समय कह पाता कि 'यह हरि इच्छा पार्ट वन है, देखते हैं ईश्वर ने पार्ट टू में मेरे लिए क्या उपहार छिपा रखा है।'

अतः जब भी किसी बात पर लगे कि 'यह बुरा हुआ या यह मुझे पसंद नहीं आ रहा है' तो हमें कहना चाहिए – 'यह हरि इच्छा पार्ट वन है, पार्ट टू आना अभी बाकी है।' अभी हरि शब्द कहें, गुरु शब्द कहें या अल्लाह कहें, हरेक धर्म के अलग-अलग शब्द होते हैं। शब्द कोई भी हो मगर जब

आप ख़ुद को यह याद दिलाएँगे कि 'मुझे यह इसलिए पसंद नहीं आ रहा है क्योंकि मुझे हरि इच्छा पार्ट टू मालूम नहीं है' तो जो प्रतिरोध है, अवरोध है, वह मिट जाएगा।

जब भी भीतर कोई रुकावट होती है तो तुरंत दुःख की भावना आती है। दुःख की भावना आपको बता देती है कि आपके अंदर किसी बात का प्रतिरोध हो रहा है। ऐसे में पाँचवाँ सवाल पूछकर उसे मुक्त करें, इससे तुरंत आनंद आ जाता है। सवाल पूछने की ऐसी आदत डालने से आप सदेह मुक्ति यानी मरने के बाद नहीं बल्कि इसी देह के रहते हुए ही मिलनेवाली मुक्ति पा सकते हैं। पर यह तभी संभव है जब हरि इच्छा पार्ट टू को समझ पाएँगे। मन को पार्ट टू तुरंत नहीं दिखता है मगर विश्वास होगा तो दिखाई देने लगेगा। कुछ समय के बाद पता चलेगा कि क्या था और क्यों था। यह स्पष्ट होने पर 'तुम्हें जो लगे अच्छा ...' बोलते हुए न कोई हिचकिचाहट होगी, न संशय होगा और न ही आवाज़ मंद होगी।

आइए, इसे एक अन्य उदाहरण द्वारा समझते हैं। एक ग़रीब इंसान था, जो तंबू में रहता था। उसका इस बात पर पूरा विश्वास था कि जो होता है, वह ऊपरवाले की इच्छा से ही होता है। भले ही उसमें तब भलाई नज़र न आए मगर आगे चलकर उसमें ही सबका भला होता है। इसी सोच के साथ वह ग़रीबी में भी इत्मीनान से जी रहा था। एक दिन तेज़ तूफ़ान आया, जिसमें उसका तंबू उड़ गया। उसने सोचा 'जैसी हरि की इच्छा' और वह वहाँ से दूसरी जगह चला गया।

नई जगह जाकर उसने छोटे-मोटे काम करने शुरू किए, जिनमें उसे कभी सफलता मिली, कभी विफलता। एक दिन ऐसा भी आया जब उसके दिन बदले और वह बड़ा व्यापारी बन गया। फिर उसने एक घर बनाया, जिसकी छत कंकरीट की थी। उस छत पर खड़े होकर वह पुराने दिनों को याद कर रहा था, 'अगर उस दिन मेरा तंबू न उड़ा होता तो आज मैं इस पक्के घर की छत पर न खड़ा होता। सच ही है, ऊपरवाले की मार में भी प्यार छिपा होता है।'

प्रस्तुत उदाहरण द्वारा यह सीख प्राप्त होती है कि इंसान के जीवन में जब भी कोई मुसीबत आती है तब उसका पूरा फ़ोकस मुसीबत पर ही चला जाता है। जिससे वह दुःखी होकर सोचता है – 'शायद मेरे भाग्य में यही लिखा है... शायद यही हरि इच्छा है।' ऐसे में समझ यह रखें कि जो सीन है, यह पूरा नहीं है, आधा है, आधा आना अभी बाक़ी है। यदि यह 'हरि इच्छा' है तो 'हरि इच्छा पार्ट टू' आना अभी बाक़ी है। अतः आपको 'हरि इच्छा पार्ट टू' पर फ़ोकस कर ख़ुश रहना है क्योंकि जिस बात पर फ़ोकस रखेंगे, वही सीन जल्दी आएगा। मगर इंसान को इतनी जल्दी रहती है कि इधर मुसीबत आई और उधर उसने सब्र एवं विश्वास खो दिया।

तात्पर्य – जीवन में कुछ बदलाव आते हैं क्योंकि कुछ नया सामने आनेवाला होता है। जैसे उस इंसान के जीवन में हरि इच्छा पार्ट वन 'तंबू उड़े' घटना आई क्योंकि उसके बाद हरि इच्छा पार्ट टू 'पक्का घर बने' को पूरा होना था। तात्पर्य – जीवन में आए बदलाव पर बिना अच्छे-बुरे का लेबल लगाए, स्वीकार करें। वॉच वेट विथ वंडर के साथ हरि इच्छा पार्ट टू आने के लिए प्रार्थना करें। इससे अगला सीन जल्दी और सहजता से आएगा।

एक दुकानदार को रात में नींद नहीं आती थी। वह बिस्तर पर जाता और घंटों करवटें बदलता रहता। एक रात परेशान होकर उसने पक्का किया कि जब तक नींद नहीं आएगी तब तक मैं बिस्तर पर जाऊँगा ही नहीं...। फिर वह अपना लॅपटॉप खोलकर बैठ गया और ऑन लाइन शॉपिंग की वेबसाइट्स देखने लगा। जिससे उसकी उत्सुकता बढ़ी कि लोग कैसे बिना

ऑफ़िस खोले, बिना बाज़ार में बैठे भी दूर-दूर तक अपना सामान बेचकर मुनाफ़ा कमा रहे हैं।

फिर उसने रोज़ रात को नींद आने तक यही सब जानना-समझना शुरू कर दिया कि ऑन लाइन बिज़नेस कैसे होता है, वेबसाइट कैसे बनती है। फलतः बहुत जल्द उसने भी अपना बिज़नेस ऑन लाइन कर, विदेशों तक कस्टमर ढूँढ़ निकाले। अंततः देखते ही देखते वह बड़ा व्यापारी बन गया। इस तरह उसकी एक समस्या 'नींद न आना' ने उसकी सफलता के द्वार खोल दिए क्योंकि उसने उस समस्या को सकारात्मक ढंग से लेकर उसे विकास की सीढ़ी बनाया।

कभी-कभी कुछ लोगों के साथ दिव्य योजना अनुसार कठिन परिस्थितियाँ आती हैं। उन्हें पीड़ाएँ उठानी पड़ती हैं, जिसका परोक्ष (इनडायरेक्ट) लाभ दूसरे बहुत से लोगों को मिलता है। एक लड़के ने अपनी माँ को कैंसर से मरते देखा तो वह बड़ा होकर कैंसर का ही डॉक्टर बना। ज़्यादा से ज़्यादा कैंसर पेशंट का उपचार कर, उनके जीवन को बचाना ही उस लड़के के जीवन का लक्ष्य बन गया। उसकी माँ की मौत अनेकों मरीज़ों के जीवन का कारण बनी।

जब कोई इंसान किसी दुःख से गुज़रता है तब वह सोचता है, 'मेरे साथ जो हुआ वह किसी और के साथ न हो...।' यदि वह जाग्रत है तो उस दिशा में सकारात्मक पहल करता है। ऐसे न जाने कितने लोग हैं, जिन्होंने समाज की कठोरता सही। जिसके कारण उनमें यह विचार प्रबल हुआ कि 'जो मैंने सहा वह किसी और को न सहना पड़े।' जिसके परिणामस्वरूप वे आगे चलकर समाज सेवक बने।

कहने का तात्पर्य - हर सीन अगले सीन की तैयारी है। हमें हमेशा यह समझ रखनी चाहिए कि जो भी घटनाएँ जीवन में आ रही हैं, वे दिव्य योजना के अनुसार ही आ रही हैं। 'क्यों आ रही हैं, मेरे ही जीवन में क्यों आ रही हैं', ऐसा सोचने के बजाय निम्नलिखित क़दम उठाने चाहिए :

- सबसे पहले उसे हरि इच्छा मानकर स्वीकार करना चाहिए।

- उसके लिए ईश्वर से क्षमा प्रार्थना करनी चाहिए कि 'मेरे जिस भी कर्मबंधन के कारण यह समस्या आ रही है, उसके लिए मुझे क्षमा करें।'

- उसमें अपना बेस्ट भक्तियुक्त प्रतिसाद दें और हरि इच्छा पार्ट टू के लिए प्रार्थना करें।

ऐसा करने की समझ बनी रहे, इसके लिए आपको हर अनचाही घटना में बस एक ही सवाल उठाना है, **'तुम्हें जो लगे अच्छा, क्या वही है मेरी इच्छा?'** यह सवाल पूछकर आपको ख़ुद को जाग्रत करना है। जाग्रत होने पर आप दुःख रूपी दिखावटी सत्य में नहीं उलझेंगे।

आइए, अब एक प्रयोग करें। अपने अतीत की उन घटनाओं को अपने ध्यान क्षेत्र में लाएँ, जिनमें ईश्वर के प्रति आपके अंदर शिकायत उठी थी कि 'मेरे साथ ही क्यों...।' देखें उन मुश्किल घटनाओं के बाद आपमें क्या विकास हुआ, कौन से ऐसे गुण विकसित हुए, जो पहले नहीं थे, आपने कौन से ऐसे सही निर्णय लिए जिनका लाभ आज आपको मिल रहा है।

इस तरह मनन करने पर आप पाएँगे कि वह घटना आपको बहुत कुछ सिखाकर गई, जो आज आपके काम आ रहा है।

अध्याय 13

मोती की सही पहचान

छठा सवाल

हातिम पाँचवें सवाल का जवाब लेकर हुस्नबानो के पास पहुँचा और उसे कोह-ए-निदा पहाड़ का सारा रहस्य कह सुनाया। हुस्नबानो आश्चर्यचकित थी कि वह ऐसे ख़तरनाक पहाड़ के भीतर से जिंदा बचकर कैसे आ गया। वह उसकी वीरता, साहस और निःस्वार्थ भावना से बेहद प्रभावित हुई। अब छठे सवाल को बताने का वक़्त था। हुस्नबानो ने हातिम से कहा, 'अब तुम्हें पता लगाना है कि जलमुर्गी के अंडे बराबर मोती कहाँ मिलेगा और उसका राज़ क्या है? साथ ही तुम्हें वह मोती लेकर भी आना है।'

हुस्नबानो ने आगे कहा, 'मेरे पास भी ठीक एक वैसा ही मोती है, वह मैं तुम्हें पहचान के लिए दिखा सकती हूँ।' हातिम ने वह मोती देखा जो सामान्य मोतियों से आकार में बहुत बड़ा और बिलकुल एक बड़े अंडे की शक्ल का था। हातिम ने उसकी जाँच-परख की और वह वैसे ही दूसरे मोती की खोज में निकल पड़ा।

हातिम शहर से बाहर निकला और कुछ देर एक पेड़ के नीचे बैठकर सोचने लगा कि वह अपनी खोज किस दिशा में और कैसे शुरू करे। तभी उसका ध्यान उस पेड़ पर बैठे दो पक्षियों की आवाज़ों ने खींचा। ध्यान से सुनने पर पता चला कि वे उसी के बारे में बातें कर रहे थे।

एक पक्षी दूसरे से कह रहा था, 'मित्र, देखो यह परोपकारी हातिम है, जो अपने दिए हुए वचन के लिए जलमुर्गी के अंडे के बराबर मोती ढूँढ़ने निकला है। मैंने सुना है कि कुछ सालों पहले एक विचित्र प्रकार के पक्षी कहरमान नदी के किनारे ऐसे मोती के अंडे दिया करते थे। अब ऐसे दो ही अंडे बचे हैं। एक हुस्नबानो के पास है और दूसरा महरयार नामक राजा के पास है। वह जिया नाम के द्वीप पर राज करता है। वह परियों का द्वीप है। उस राजा की एक बहुत सुंदर कन्या भी है। राजा ने उसके विवाह की शर्त रखी है कि जो भी उसे जलमुर्गी के अंडे जैसे मोती का रहस्य बता देगा, उससे ही वह उसका विवाह करेगा। राजा महरयार को मोती का रहस्य पता था। उसने उन पक्षियों को आदेश दिया था कि वे आगे से उस आकार के अंडे न दें। इसलिए अब वैसे और मोती दुनिया में मौजूद नहीं हैं।'

'बहुत से नौजवानों ने उस सुंदर राजकुमारी से विवाह करने की कोशिश की मगर वे सभी उस बड़े मोती का रहस्य पता लगाने में असफल रहे। यदि हातिम मोती के बारे में ये सब बातें जाकर उस राजा को बता दे तो उसे वह मोती भी मिल जाएगा और उस सुंदर राजकुमारी के साथ उसका विवाह भी हो जाएगा।'

हातिम ने ये सारी बातें सुनकर उन पक्षियों को धन्यवाद दिया और जिया द्वीप की ओर चल पड़ा। वहाँ पहुँचने का रास्ता बड़ा दुर्गम था। रास्ते में हातिम को अनेक जानवरों, साँपों और दैत्यों के आक्रमण झेलने पड़े मगर उसने बड़ी बहादुरी से सभी कठिनाइयों का सामना कर उन्हें पार किया।

हातिम जब एक जंगल से गुजर रहा था तब उसे एक नौजवान रोता हुआ दिखाई दिया। हातिम को उस पर करुणा आ गई और उसने उसके रोने का कारण पूछा। उस नौजवान ने बताया, 'वह एक राजकुमार है। उसका नाम मेहराब है और वह जिया द्वीप की राजकुमारी से बहुत प्रेम करता है। वह उससे विवाह करना चाहता था मगर वह जलमुर्गी के अंडे के बराबर आकारवाले मोती का राज़ पता लगाने में असफल रहा इसलिए राजा ने उसका प्रस्ताव ठुकरा दिया।'

हातिम ने उसे सांत्वना दी और कहा – 'मित्र तुम मेरे साथ चलो। मुझे वह राज़ पता है, जिसे तुम राजा को बताकर राजकुमारी से विवाह कर सकते हो।' राजकुमार मेहराब को आश्चर्य हुआ कि हातिम मोती का राज़ जानता है, फिर भी वह राजकुमारी से विवाह करने और इतने बड़े राज्य का वारिस बनने के लिए उतावला नहीं है। बल्कि वह यह सब मुझ अपरिचित को सहजता से दे रहा है...। उस नौजवान के पूछने पर हातिम हँसा और कहने लगा, 'मुझे किसी भी राज्य के वैभव से कुछ लेना–देना नहीं है, मैं तो यह सब कुछ अपने मित्र मुनीरशाह के

लिए कर रहा हूँ। तुम्हारी तरह ही मुझे वह एक जंगल में रोता हुआ मिला था, जो हुस्नबानो नामक राजकुमारी से प्रेम करता था। हुस्नबानो की शर्त के कारण ही मैं उस मोती को लेने जिया द्वीप जा रहा हूँ।' हातिम की कहानी सुनकर राजकुमार मेहराब का हृदय उसके प्रति आदर और कृतज्ञता से भर गया और वह उसके साथ जिया द्वीप की ओर चल पड़ा।

जिया द्वीप पहुँचकर हातिम महरयार से मिला और उसे उस मोती का पूरा रहस्य बता दिया जो उसने पक्षियों से सुना था। महरयार उसके जवाब से ख़ुश हुआ। हातिम ने उससे विनती की, 'वह अपनी पुत्री का विवाह उसके बजाय राजकुमार मेहराब से कर दे क्योंकि वह उसे बहुत प्रेम करता है। महरयार ने उसकी बात मान ली और उस दूसरे मोती को हातिम को सौंप दिया।'

एक बड़े समारोह में मेहरयार की पुत्री का विवाह संपन्न हुआ। हातिम भी उसमें शामिल हुआ। इस तरह उन दोनों को शुभकामनाएँ देकर हातिम पुनः हुस्नबानो के देश की ओर चल पड़ा क्योंकि अब उसके पास छठे सवाल का जवाब था।

अध्याय 14

सामनेवाला मोती कौन है

छठे सवाल से आपका रिश्ता

पिछले अध्याय की कहानी में हातिम को जब मोती का राज़ पता चला और उसकी पहचान हुई तो क्या हुआ? वह अपने लक्ष्य के और निकट आ गया। उसने मुनीरशाह (खोजी) और हुस्नबानो (सेल्फ़) के मिलन का जो लक्ष्य लिया था, वह उसकी पूर्णता की दिशा में और आगे बढ़ा। आपकी आध्यात्मिक खोज के इस मुकाम पर यहाँ आपके लिए जो छठा सवाल है, उस पर मनन करके आप भी अपनी मुक्ति की यात्रा में तेजी से आगे बढ़ेंगे।

इंसान को भगवान ने एक सामाजिक और पारिवारिक प्राणी बनाया है। हर इंसान अलग-अलग रिश्तों के तहत बहुत से दूसरे लोगों से जुड़ा रहता है, जैसे माता-पिता, भाई-बहन, दोस्त-दुश्मन, पड़ोसी, रिश्तेदार, सहकर्मी, सहपाठी, बॉस, नौकर...आदि। इन्हीं अलग-अलग रिश्तों में उलझा वह अनेक तरह की भावनाओं के समुंदर में हिचकोले खाता रहता है। किसी को प्यार करता है, किसी से नफ़रत, किसी पर विश्वास करता है तो किसी से विश्वासघात, किसी के काम आता है तो किसी से अपने काम निकलवाता है...।

अकसर इंसान अपने साथ हो रही ग़लत बातों के लिए भी इन्हीं में से किसी के सिर दोष मढ़ता है। इस तरह इंसान दूसरे इंसानों के साथ बंधनों

के मकड़जाल में उलझकर अपनी मुक्ति से दूर रहता है। ऐसे में छठा सवाल आपको अपने जीवन में आए लोगों और रिश्तों पर मनन करने का मौक़ा देगा कि वास्तव में वे कौन हैं और आपके जीवन में क्यों उपस्थित हैं? यह सच्चाई जानकर आप अपने जीवन में आए नकारात्मक लोगों के प्रति भी कृतज्ञ होंगे... उन्हें धन्यवाद ही देंगे। किसी के प्रति भी मन में कोई बंधन नहीं बाँधेंगे। जब ऐसा होने लगे तो समझिए आप अपनी मुक्ति के बहुत निकट पहुँच चुके हैं। तो आइए, मुड़ते हैं अब छठे सवाल की ओर।

सामनेवाला किस मोती के बराबर है?

यहाँ 'सामनेवाला' से तात्पर्य उस दूसरे इंसान से है, जो आपके संपर्क में आता है। वर्तमान में जिसके लिए आपके मन में कुछ अच्छे या बुरे भाव उमड़े हैं। आपको सामनेवाले इंसान को बिना किसी पूर्व मान्यता या पूर्वाग्रह से देखना है कि वह किस मोती के बराबर है? यहाँ मोती का अर्थ क्या है, आइए समझते हैं।

सामनेवाले मोती की निम्नलिखित क़िस्में हैं

कुर्ता – यानी शरीर रूपी ड्रेस। कुर्ते का अर्थ हुआ कि आप सामनेवाले इंसान को एक शरीर मानकर देख रहे हैं, उसके अंदर की चेतना को नहीं देख पा रहे हैं।

कर्ता – आप सामनेवाले को कर्ता (डूअर) मान रहे हैं और उसके ऐक्शन के लिए उसे दोष दे रहे हैं। जबकि वास्तव में उसके भीतर से वही चेतना कार्य कर रही है, जो आपके भीतर से भी कर रही है।

को–क्रिएटर (साझेदार) – जो आपके साथ मिलकर अच्छा या बुरा, कुछ क्रिएट कर रहा है, कोई कार्य कर रहा है। यदि आपके जीवन में कोई नकारात्मक भूमिका निभा रहा है तो समझ लीजिए वह पृथ्वी पर आपका साझेदार बनकर आया है। उदाहरण के लिए यदि आप चाहते हैं किसी क्षेत्र विशेष में ऊँचाइयों को छुएँ तो आपके जीवन में कोई ऐसा इंसान आता है, जो आपके सामने ऐसी-ऐसी चुनौतियाँ खड़ी करता है, जिन्हें पार कर आप

आगे बढ़ते हैं। भले ही उस समय सामनेवाले इंसान पर आपको गुस्सा आए मगर यह जान लीजिए कि वह आपका साझेदार है, जो आपकी प्रार्थनाओं को पूरा करने में आपकी मदद कर रहा है।

कुदरत का करिश्मा – ऐसे लोगों की भूमिका पहले समझ में नहीं आती, बाद में पता चलता है कि इनकी वजह से फलाँ काम संभव हो सका।

जब किसी से कहा जाता है कि सामने खड़े बुरे व्यक्ति में भी ईश्वर के दर्शन करने चाहिए, उससे घृणा नहीं करनी चाहिए तो लोग नहीं मानते। उन लोगों के मन में शंका पैदा होती है कि यदि सामनेवाले में भी ईश्वर है तो वह बुरे कर्म कैसे कर सकता है? या जिसने मेरे साथ इतना बुरा किया, उसमें ईश्वर कैसे हो सकता है? इस बात को हम बॉलर–बैट्समैन की ऐनालॉजी द्वारा समझ सकते हैं।

एक बच्चा क्रिकेट सीखना चाहता है मगर उसके साथ खेलनेवाला कोई नहीं। बच्चा रोने लगता है। उसके पिता उसे इस हाल में देखकर उससे कहते हैं, 'चलो मैं तुम्हारे साथ खेलूँगा... यह खेल सीखने में तुम्हारी मदद करूँगा।' पिताजी मैदान में जाकर बॉलिंग करना शुरू करते हैं। इसलिए नहीं कि वे बॉलिंग करना चाहते हैं। उनको तो बॉलिंग करना पसंद भी नहीं है मगर उनका प्यारा बेटा बैटिंग करना चाहता है इसलिए वे उसके प्रेम में बॉल डालने को तैयार हो जाते हैं। बेटे को बैटिंग करने में ही इंटरेस्ट है। वह उसे ही सीखना चाहता है।

अब पिताजी और बेटे का खेल शुरू होता है। पहली बॉल पर ही बेटा आउट हो जाता है। इस पर वह फिर से रोने लगता है, ज़िद करने लगता है... 'नहीं वापस से फेंको... मुझे अभी और बैटिंग करनी है...।'

बिलकुल इसी तरह कुदरत भी इंसान को घटना रूपी बॉल फेंककर बार–बार सीखने के मौक़े देते रहती है कि 'अच्छा फिर से आउट हो गए, कोई बात नहीं, दोबारा खेलो...।' संसार की पृष्ठभूमि पर यह खेल लगातार चल ही रहा है।

चूँकि यह खेल काफ़ी समय से चल रहा है इसलिए खेलते-खेलते

बच्चा भूल ही जाता है कि उसी के पिताजी उसे बॉल डाल रहे हैं, उसी के प्रेम की वजह से, उसी के कहने पर, उसी को सिखाने के लिए...। अब भूलने की वजह से बच्चा शिकायत करने लगता है – 'कितनी तेज़ बॉल आ रही है... यह तो मेरा सिर फोड़कर ही दम लेगा... इसे मुझसे कोई व्यक्तिगत दुश्मनी है... मेरे साथ ही ऐसा क्यों होता है... मुझे ही ऐसे बॉलर क्यों मिलते हैं... मैंने किसी का क्या बिगाड़ा है... कौन से पाप किए हैं... मेरा नसीब ही ऐसा है, कभी भी सीधी आसान बॉल नहीं आती... बाजूवाले को देखो उसे कितनी आसान बॉल फ़ेस करनी पड़ती है...' आदि।

ख़ैर! खेलते हुए धीरे-धीरे बच्चा कठिन बॉल को सँभालना और सही तरीक़े से खेलना सीख जाता है। मगर मूल समझ भूलने की वजह से कि 'बॉलिंग करनेवाला उसका अपना ही पिता है और वह उसी के विकास एवं आनंद के लिए बॉल डाल रहा है', बच्चा खेल का मज़ा लेना बंद कर देता है। अब खेल उसके लिए संघर्ष और दुःख का कारण बन जाता है। बॉलिंग करनेवाला इंसान उसे दुश्मन नज़र आने लगता है।

बॉलर-बैट्समैन का संघ

दरअसल बॉलर और बैट्समैन एक ही संघ के हैं। दोनों एक दूसरे के पूरक हैं। एक दूसरे के विकास में सहायक हैं। अगर आप पृथ्वी पर साहस की अभिव्यक्ति करने आए हैं तो आपके जीवन में कोई एक इंसान ऐसा आएगा जो आपको डराएगा, धमकाएगा... जिसका मुक़ाबला करते हुए आपका साहस बढ़ेगा और एक दिन आप उसके डर की सीमा को तोड़ते हुए अपने साहस को पूरी ऊँचाई पर ले जाएँगे। किंतु इंसान मूल समझ भूलने की वजह से सोच ही नहीं पाता कि विरोधी दिखाई देनेवाला इंसान वास्तव में आपका अपना साझेदार है, जो उसी के प्रेम की वजह से डर की बॉल फेंक रहा है।

कैकेयी की चाल ने श्रीराम से उनका पृथ्वी लक्ष्य पूरा करवाया। पिता के क्रोध ने नचिकेता को अंतिम सत्य दिलवाया। तुलसीदास की पत्नी का ताना उनके लिए माया से वैराग्य का कारण बना, जिससे संसार को

रामचरितमानस जैसा श्रेष्ठ ग्रंथ मिला। कुछ दुःखी इंसानों के दर्शन ने गौतम बुद्ध के जीवन को यू-टर्न दिया।

कहने का अर्थ किसी का एक ताना 'यह काम तुम्हारे बस का नहीं' दूसरे इंसान को इतने जोश से भर देता कि वह मन में पक्का कर लेता है, 'चाहे कुछ भी हो जाए, इसे तो मैं यह काम करके ही दिखाऊँगा।' संसार में हर कोई ऐसे ही किसी न किसी 'बॉलर–बैट्समैन' संघ या ग्रुप का हिस्सा है, जिसमें सभी सिर्फ़ प्रेम की ख़ातिर अपनी-अपनी भूमिका निभा रहे हैं। एक बॉल फेंक रहा है और दूसरा उसे सँभालने की, खेलने की प्रैक्टिस कर रहा है। जिन्हें मूल

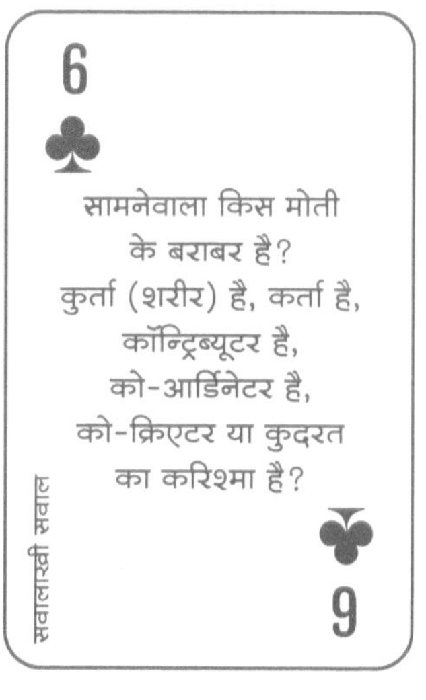

समझ याद है, वे हर बॉल का ख़ुशी-ख़ुशी सामना करते हैं और बॉलर को धन्यवाद देते हैं। जो नासमझ हैं, वे हर बॉल पर चिड़चिड़, बड़बड़ करते हैं।

आप जानते हैं कि शतरंज का खेल अकेले नहीं खेला जाता। यह खेल खेलने के लिए आपको कम से कम एक साथी की आवश्यकता तो पड़ती ही है। एक चाल आप चलते हैं, एक चाल सामनेवाला चलता है। हर चाल के साथ खेल और रोचक बनता जाता है। खेल-खेल में यदि आपका विरोधी ग़लत या टेढ़ी चाल चले तो क्या आपको दुःख होगा? नहीं न!

बिलकुल इसी तरह आपके जीवन रूपी शतरंज के खेल में अगर कोई आपके विरोध में खेलता है, आपको हर बार मात देता है, नई-नई चालें चलता है तब आप क्या करते हैं? अगर आप दुःखी और परेशान होते हैं तो आपने इस खेल को समझा ही नहीं है। दरअसल सामनेवाला इंसान आपके जीवन में आपका सहभागी बनकर आया है। वह आपके सोए दिव्य गुणों को जगाने के लिए आपको मजबूर करेगा। आपकी अच्छाई को प्रकट

करने में आपका सहायक बनेगा। आपके जीवन में यदि ऐसा इंसान है तो वह आपको निखारने के लिए ही आया है। वास्तव में इस खेल में आपको जिताने के लिए ही सारी व्यवस्था की गई है।

देखा जाए तो हरेक के जीवन में कोई न कोई नकारात्मक भूमिका निभानेवाला इंसान होता ही है। किसी के जीवन में एक तो किसी के जीवन कई होंगे। जो भी लोग आपके जीवन में नकारात्मक भूमिका निभा रहे हैं, वे सभी प्रेम की वजह से निभा रहे हैं। यह बात वे भी भूल गए हैं और आपको यह रहस्य पता नहीं है। छठे सवाल का यही कार्य है कि वह आपको याद दिलाए, **'सामनेवाला किस मोती के बराबर है?'**

यह पूरी व्यवस्था बुद्धि के पार का क्षेत्र है इसलिए 'लीला' शब्द आता है। संसार में हर तरफ़ सेल्फ़ की ही लीला चल रही है। जब ज्ञान मिलता है, लीला पर मनन होता है, भक्ति बढ़ती है तब 'कृपा' की समझ भी आती है। उन लोगों को सेल्फ़ की असीम कृपा महसूस होती है, जिन्हें सेल्फ़ कभी गुरु द्वारा, कभी किताबों के द्वारा, कभी स्वप्न के द्वारा या कभी कुछ सवाल पूछकर जगा रहा है कि 'जागो और देखो, मैं ही बॉलिंग कर रहा हूँ और बैट्समैन भी मैं ही हूँ... मेरे सिवाय दूसरा कौन है इसलिए बॉल से परेशान होने की बजाय उससे खेलने का कौशल विकसित करना सीखो। यह पूरा खेल, पूरी लीला तुम्हारे विकास और आनंद के लिए ही है।'

अपने साझेदार से उपहार लें

सामनेवाले मोती को पहचानने के बाद आप इसका रहस्य जान जाएँगे कि सामनेवाला मेरी तकलीफ़ों का कारण नहीं है। वह जो कर रहा है प्रेम के कारण कर रहा है, वह मुझे कुछ उपहार देने आया है। हमें अपने साझेदार से कुछ लेना है, वह हमें कुछ देने आया है। उसके पास कुछ ऐसी महत्त्वपूर्ण चीज़ है, जो हमें उससे हासिल करनी है। वह हमें कुछ सिखाना चाहता है, जो हम सीखने से इनकार कर रहे हैं।

जब तक हम इनकार करते रहेंगे तब तक सामनेवाला हमारी परेशानी का कारण बनता रहेगा। अतः इनकार करना बंद करें और इकरार करें। यह

'सीक्रेट' है, यह एक ऐसा राज़ है, जिसे यदि आप जान गए और उस बात को अपने जीवन में उतार लिया तो सामनेवाला इंसान बदल जाएगा। वह आपके जीवन में आपको कुछ सिखाने आया है। आप सीखने के लिए तैयार हो गए तो आपकी परेशानी ख़ुद-ब-ख़ुद ख़त्म हो जाएगी। साथ ही सामनेवाले को स्वीकार करते ही वह भी बदल जाएगा। बस! आपके जीवन में उसकी इतनी ही भूमिका थी! फिर आपके साथ भी उसका रिश्ता मधुर हो जाएगा।

लोगों के साथ आपका रिश्ता तब तक अच्छा नहीं बनता, जब तक आप उन्हें स्वीकार नहीं करते। वे जो कुछ आपको देना चाहते हैं, वह आप उनसे लेना नहीं चाहते। यही उनकी समस्या का कारण है। अगर कोई आपके लिए उपहार लेकर आया है और आप उससे अपना उपहार लेना नहीं चाहते, ऐसे में उस इंसान को आपके पीछे-पीछे घूमना पड़ता है। वह इंसान जो लक्ष्य लेकर पृथ्वी पर आया है, उसे पूरा करने के लिए हर संभव प्रयास करेगा। ऐसे में परेशानी तब होती है जब वह इंसान आप तक आपका उपहार पहुँचाकर मुक्त होना चाहता है, अपना पृथ्वी लक्ष्य* पूरा करना चाहता और आप हैं कि उससे दूर भागते फिरते हैं।

अतः सबसे पहले उस इंसान को स्वीकार करें, वह आपको जो देना (सिखाना) चाहता है, उसके लिए तैयार हो जाएँ। आपके इकरार करते ही दृश्य बदल जाएगा। अर्थात उस इंसान में बदलाव आ जाएगा। अब आपको उससे परेशानी मिलनी बंद हो जाएगी इसलिए आप जल्द से जल्द अपने सबक़ सीख लें। इससे आपको भी चैन मिलेगा और उस इंसान का लक्ष्य भी पूरा हो जाएगा।

अगर आपने अपने बीते जीवन पर ग़ौर किया होगा तो पता चलेगा कि जाने-अनजाने में आपके जीवन में भी कई ऐसे लोग होंगे, जिनसे आपके रिश्ते बेहतर हो चुके हैं। कुछ लोग आपके जीवन से जा चुके हैं लेकिन वे

---

*पृथ्वी पर रहते हुए ही अपने मन को अकंप, निर्मल बनाकर, प्रेम, आनंद, मौन की अभिव्यक्ति करना।

आपको जीवन के महत्त्वपूर्ण पाठ सिखा गए। आपने देखा होगा कि जहाँ स्वीकार भाव था, वहाँ रिश्ते-नाते बेहतर बन चुके हैं। जहाँ आज भी आपको दिक्कतें महसूस हो रही हैं, वहाँ पर प्रतिरोध है और उसकी वजह आप हैं। अगर सामनेवाला आपसे बुरे से बुरा व्यवहार करता है तो सिर्फ़ और सिर्फ़ आपके अंदर से अच्छे से अच्छा व्यवहार बाहर निकलवाने के लिए।

जिस इंसान को 'बॉलर–बैट्समैन संघ' की समझ मिल जाती है, उसके मन में किसी के प्रति भी बुरी भावना नहीं बचती। आप भी मनन करके अपने जीवन में आए साझेदारों को पहचानें, उन्हें उनके कार्य के लिए धन्यवाद दें। उनसे क्षमा प्रार्थना करें क्योंकि आपने उन्हें शरीर मानकर उनसे व्यवहार किया, उनमें नफ़रत देखी। उनमें अपने पिता (सेल्फ़) को नहीं देखा। उनका प्रेम नहीं देखा। ऐसा सोचकर सभी के लिए शुभ भावना रखें।

अध्याय 15

तिलस्म का तोड़

सातवाँ सवाल

हातिम ने हुस्नबानो को जलमुर्गी के अंडे जितना मोती लाकर दिया, जिससे वह बहुत प्रसन्न हुई। उसने हातिम से कहा, 'अब मैं तुम्हें अपना सातवाँ और आख़िरी सवाल बता रही हूँ। यदि तुम इसका जवाब भी खोजकर ले आए तो मैं तुम्हारे मित्र मुनीरशाह से विवाह कर लूँगी। मेरा सातवाँ सवाल है – हम्माम-बाद-गिर्द तिलस्म (जादू) का रहस्य क्या है ? यह पता करके मुझे बताओ।'

हुस्नबानो से सातवाँ सवाल लेकर हातिम अपनी आगे की यात्रा पर निकल पड़ा। वह बेहद उत्साहित था कि वह अपने लक्ष्य के बहुत क़रीब पहुँच चुका है। इस एक आख़िरी सवाल को हल करके वह मुनीरशाह से किया वादा निभाने में कामयाब होगा और उसका हुस्नबानो से मिलन होगा।

बहुत दिनों तक चलते-चलते हातिम एक नगर में पहुँचा। वहाँ उसने देखा कि कुछ लोग और उस नगर का राजा एक कुएँ के पास खड़े रो रहे थे। पूछने पर हातिम को पता चला कि वह एक जादुई कुआँ है और उसमें राजकुमार गिर गया है। कोई भी राजकुमार को ढूँढ़ने उस कुएँ में उतरने को तैयार नहीं था मगर परोपकारी हातिम बिना कुछ सोच विचार किए तुरंत कुएँ में उतर गया।

वहाँ जाकर हातिम ने देखा कि कुएँ के अंदर एक पूरी जादुई माया

नगरी बसी हुई थी, जहाँ राजकुमार सकुशल घूम रहा था। हातिम ने जब राजकुमार को वापस अपने माता-पिता के पास लौटने को कहा तब वह कहने लगा कि 'वह इस जादुई नगरी की परी राजकुमारी से बहुत प्रेम करता है इसलिए वापस नहीं जाना चाहता।' बाद में हातिम और परी राजकुमारी के समझाने पर राजकुमार वापस लौटने को तैयार हुआ।

राजकुमार को सकुशल देखकर सभी नगरवासी और राजा हातिम की जय-जयकार करने लगे। राजा ने हातिम से आग्रह किया कि वह कुछ दिनों के लिए उनका आतिथ्य स्वीकार करे। तब हातिम ने राजा को अपना उद्देश्य बताते हुए वहाँ रुकने में असमर्थता जाहिर की। उन दोनों की बातें एक बूढ़ा सुन रहा था। उसने हातिम से कहा, 'हम्माम-बाद-गिर्द कहाँ है, मैं यह जानता हूँ मगर वहाँ जाना आपके लिए बहुत ख़तरनाक साबित हो सकता है।'

हातिम के निवेदन करने पर बूढ़े ने बताया, 'यहाँ से दक्षिण दिशा में मीलों दूर एक बड़ा पहाड़ है, जिसके दूसरी ओर घना जंगल है। उस जंगल को पार करने के बाद कुछ मील चलने पर तुम्हें हम्माम-बाद-गिर्द मिल जाएगा मगर उसके भीतर सँभलकर जाना क्योंकि जो भी वहाँ गया है, वह कभी वापस लौटकर नहीं आया है।' इस पर हातिम ने उसे आश्वासन दिया कि वह वहाँ से ज़रूर सकुशल लौटेगा।

राजा और उस बूढ़े को धन्यवाद देकर हातिम हम्माम-बाद-गिर्द की दिशा में आगे बढ़ चला। रास्ते में उसे एक ओर नगर मिला जो एक साँप के रूप में रहनेवाले राक्षस के जुल्मों से परेशान था। हातिम ने अपनी जादुई मणि के प्रभाव से उसका भी ख़ात्मा किया। आगे चलकर उसे एक ऐसी जगह भी मिली, जो ज़हरीले जीवों जैसे साँप, बिच्छुओं, छिपकलियों आदि के क़हर से प्रभावित थी। उनके कारण उस क्षेत्र का कोई विकास नहीं हो पा रहा था। हातिम ने अपनी जादुई मणि का उपयोग कर उस जगह को ज़हरीले जीव-जन्तुओं से मुक्त किया। इस प्रकार वह सबसे दुआएँ लेता हुआ अपनी दिशा में आगे बढ़ता गया।

अनेक मुसीबतों को पार करके हातिम आख़िरकार हम्माम-बाद-गिर्द नामक तिलस्मी इमारत के सामने पहुँच गया। उस इमारत का बहुत बड़ा

और मज़बूत दरवाज़ा था, जिस पर लिखा था, 'यह एक जादुई इमारत है, जो भी इसके अंदर गया है या तो वह मर गया है या पत्थर बन गया है।' दरवाज़े पर कुछ द्वारपाल भी थे, जिनका काम वहाँ आनेवाले लोगों को चेताना था। मगर हातिम उस इमारत का रहस्य पता लगाने के लिए दृढ़ निश्चयी था इसलिए द्वारपालों ने उसे नहीं रोका।

हातिम हम्माम-बाद-गिर्द में आगे बढ़ गया। कुछ दूर जाने के बाद जब उसने पीछे मुड़कर देखा तो उसका दरवाज़ा, द्वारपाल और पीछे लौटने का रास्ता... सभी ग़ायब हो चुके थे, वहाँ कुछ नहीं था। वह पुनः आगे बढ़ने लगा। कुछ दूर चलने पर उसे एक बहुत ख़ूबसूरत तालाब दिखाई दिया, जहाँ नहाने की सारी व्यवस्थाएँ थीं। हातिम बहुत थका था उसे वहाँ नहाने की इच्छा हुई मगर जैसे ही वह उस तालाब में गया उसका पानी बढ़ने लगा...। हातिम ने स्वयं को बचाने के लिए तालाब में लटकती एक जंज़ीर पकड़ ली। जैसे ही उसने जंज़ीर पकड़ी वह एक ख़ूबसूरत बगीचे में पहुँच गया और वह तालाब ग़ायब हो गया।

उस बगीचे में बहुत सुंदर फूल और फल थे। हातिम को बहुत भूख लगी थी अतः वह उन्हें खाने लगा। फल बहुत ही स्वादिष्ट थे। वह खाता जा रहा था... खाता जा रहा था... मगर उसकी भूख थी कि मिटने का नाम ही नहीं ले रही थी। वह समझ गया कि ये भी जादुई फल हैं, जो उसे अपने लालच में उलझा रहे हैं अतः वह उन्हें खाना छोड़ आगे बढ़ने लगा। जैसे ही वह आगे बढ़ा बगीचा भी ग़ायब हो गया। हम्माम-बाद-गिर्द की यह विशेषता हातिम को समझ आ गई कि आगे बढ़ने पर पीछे के सभी दृश्य ग़ायब हो रहे हैं।

आगे हातिम एक ऐसे स्थान पर पहुँचा, जहाँ एक बहुत विशाल पेड़ था। उस पर एक पिंजरा लटका हुआ था, जिसमें एक तोता था। पेड़ के आस-पास बहुत सारे पत्थर के बुत खड़े हुए थे, जो देखने में जीवित जैसे ही प्रतीत हो रहे थे। उस पेड़ पर एक संदेश लिखा था – 'यह तिलस्मी हम्माम राजा मूसा ने बनवाया है। उन्होंने अपना एक बेशक़ीमती हीरा इस तोते को खिला रखा है। जो भी व्यक्ति यहाँ आएगा, उसे तोते को तीर से मारने का

तीन बार मौक़ा मिलेगा। यदि वह ऐसा कर पाया तो वह हीरा उसे मिल जाएगा और वह मालामाल हो जाएगा। ऐसा होते ही इस जगह का तिलस्म भी टूट जाएगा और वह आज़ाद हो जाएगा। किंतु यदि वह तोते को मारने में सफल नहीं हुआ तो पत्थर में बदल जाएगा और यहाँ हमेशा के लिए क़ैद हो जाएगा।'

हातिम ने अल्लाह का नाम लेकर तोते की ओर तीर से निशाना साधा। उसके पहले दो निशाने चूक गए मगर तीसरी बार वह निशाना लगाने में सफल हो गया। तोते के मरते ही वह हीरा हातिम को मिल गया, इसके साथ ही हम्माम-बाद-गिर्द का तिलस्म टूट गया। जादू के हटते ही पत्थर बने लोग अपने असली रूप में वापस आ गए। अब वहाँ न कोई पेड़ था, न पिंजरा, न कोई इमारत... सब कुछ ग़ायब हो चुका था। पत्थर से इंसान बने लोगों ने हातिम को बहुत धन्यवाद व दुआएँ दीं। हातिम बेहद ख़ुश था। उसने हुस्नबानो के सातवें और अंतिम सवाल को भी पार कर लिया था। अब वह हुस्नबानो और मुनीरशाह का विवाह कराने हेतु तत्परता से हुस्नबानो के देश चल पड़ा।

हातिम ने हुस्नबानो से मिलकर उसे हम्माम-बाद-गिर्द की पूरी घटना सुना दी। हुस्नबानो यह जानकर बहुत ख़ुश हुई कि हातिम ने न सिर्फ़ उस भयानक तिलस्म को तोड़ा बल्कि उसने सैकड़ों पत्थर बने लोगों की जान भी बचाई। हातिम ने हुस्नबानो से कहा - हे राजकुमारी, तुम्हारे विवाह की शर्त के अनुसार मैंने तुम्हारे सभी सात सवालों के हल खोज लिए हैं। मैं उम्मीद करता हूँ कि अब तुम भी अपना वादा निभाओगी और मेरे दोस्त मुनीरशाह से विवाह करोगी।' हुस्नबानो ने बड़ी ख़ुशी के साथ

मुनीरशाह से विवाह की सहमति दर्शाई।

जल्द ही बड़ी धूमधाम के साथ मुनीरशाह और हुस्नेबानो का विवाह संपन्न हुआ। हातिम भी अपना लक्ष्य पूरा कर अपने देश लौट आया। वह जब तक जीवित रहा, दूसरों की सहायता करता रहा, दूसरों के दुःख दूर करता रहा। हातिम को संसार से विदा लिए हुए सदियाँ गुज़र गईं मगर एक साहसी, निर्भय, नेकदिल और परोपकारी इंसान के रूप में हातिम की प्रसिद्धि आज भी ज्यों की त्यों बरकरार है। लोग आज भी हातिम की महान गाथाओं से साहस पूर्ण निःस्वार्थ जीवन जीने की प्रेरणा लेते हैं।

हातिम की जादुई मणि का राज़

हातिम की कहानी में आपने पढ़ा कि हातिम को एक ऐसी जादुई मणि प्राप्त हुई थी, जिसने उसकी कदम-कदम पर रक्षा की और उसे बड़े संकटों से उबारा। यही नहीं हातिम ने उस मणि के प्रयोग से बाक़ी लोगों का भी भला किया... कभी किसी की बीमारी दूर की... कभी किसी की आँखें ठीक कीं... कभी ज़हर के प्रभाव को दूर किया... कभी विषैले जीवों और दैत्यों को मारा...।

अब समझनेवाली बात यह है कि आख़िर उस मणि में ऐसा कौन सा जादू छिपा था, जिसके पास होने पर इंसान हर मुसीबत से पार हो सकता है, उसका हर दुःख मिट सकता है? इसका जवाब है ऐसी एक ही मणि है और वह है – ज्ञान एवं भक्ति की जादुई मणि। जिस इंसान के पास यह अनमोल मणि है, वह संसार रूपी भवसागर से हँसते-हँसते पार हो जाता है और जीते जी ही अपना कुल-मूल लक्ष्य (स्वअनुभव) पा लेता है।

यहाँ किताबी ज्ञान की बात नहीं हो रही है, उस ज्ञान (तेजज्ञान) की बात हो रही है, जिसे जब एक इंसान अपने जीवन में ढालता है तब उसका हर कर्म भक्ति बन जाता है। उसका जीवन ईश्वरीय अभिव्यक्ति का माध्यम बन जाता है। संत वाल्मीकि, संत ज्ञानेश्वर, कबीर, मीरा, जीज़स, बुद्ध, महावीर, गुरुनानक आदि आत्मसाक्षात्कारी संतों के पास ऐसी ही अनमोल जादुई मणि थी। इस ज्ञान-भक्ति की मणि से हमें समझ मिलती है कि

- हम वास्तव में कौन हैं और पृथ्वी पर क्यों आए हैं?

- इस संसार का रचयिता (ईश्वर, सेल्फ़) कौन है और कैसा है?

- हमारा सेल्फ़ से क्या संबंध है?

- हमारे जीवन का मूल लक्ष्य क्या है और उसे कैसे प्राप्त किया जा सकता है?

- मूल लक्ष्य पाने के बाद हमारी भूमिका क्या होती है?

जिस इंसान के पास इन सभी सवालों के जवाब हैं, वह हातिम की तरह ही किसी भी समस्या से हारता नहीं है और अपना लक्ष्य पाने में निश्चित ही सफल होता है।

अध्याय 16

वहम के तिलस्म को कैसे तोड़ें

सातवें सवाल का तेजसत्य

हुस्नबानो ने हातिम से सातवाँ सवाल पूछा था – 'हम्माम-बाद-गिर्द तिलस्म (भ्रम) का रहस्य क्या है?' तिलस्म यानी जादुई स्थान अथवा भ्रम, जिसे जब किसी शक्तिशाली मंत्र या तरक़ीब से तोड़ दिया जाता है तब उसका जादू समाप्त होकर असली सत्य प्रकट हो जाता है। हातिम ने तोते की गर्दन पर तीर मारकर हम्माम-बाद-गिर्द का तिलस्म तोड़ा था, जिसके बाद हातिम हर तरह के भ्रम (वहम) से बाहर आ गया था।

क्या आपने कभी ऐसा सोचा है कि आप भी अनेक वहम के तिलस्म के बीच जीवन जी रहे हैं? नहीं न! मगर सत्य यही है। अगर आपको अपने जीवन में दुःख, निराशा, असुरक्षा या डर दिख रहे हैं तो इसका अर्थ है कि आप भी किसी तिलस्म में फँसे हुए हैं। आपको वहम के इसी तिलस्म को तोड़ना है, जिसके बाद आपके जीवन में केवल सत्य और आनंद का प्रकाश फैलेगा। यहाँ दिया जा रहा सातवाँ सवाल ऐसा ही मंत्र है, जो मायावी वहमी तिलस्म तोड़कर आपका सेल्फ़ से मिलन करा देगा। इसके लिए आपको हर उस घटना में ख़ुद से सातवाँ सवाल पूछना है, जो आपको उलझा देती है। आपके लिए सातवाँ सवाल है –

'क्या यह वहम है, तथ्य है, सत्य है या तेज सत्य है?'

इस सवाल को समझने से पहले हमें वहम, तथ्य और सत्य में फ़र्क़

समझकर, फिर इनसे आगे तेजसत्य पर स्थापित होना है।

वहम, तथ्य और सत्य क्या है?

वहम, तथ्य और सत्य तीनों अलग हैं। वहम का अर्थ है भ्रम, जो दिखता सत्य जैसा है मगर होता नहीं है। उदाहरण के लिए पानी में लकड़ी डालो तो इंसान को वहम होता है कि वह टेढ़ी है परंतु होती नहीं है। अंधेरे में रस्सी भी साँप होने का वहम पैदा कर सकती है, खूँटी पर टंगा हुआ कोट भूत नज़र आ सकता है।

तथ्य का अर्थ है 'फ़ैक्ट्स।' तथ्य सिद्ध करने के लिए आपके पास तर्क होते हैं, अनुभव होते हैं मगर फिर भी ज़रूरी नहीं कि हर तथ्य, सत्य ही हो। जिन्होंने विज्ञान नहीं पढ़ा, उन्हें धरती पर चलते-फिरते कभी लगेगा ही नहीं कि धरती गोल है। उनके पास तथ्य होंगे कि धरती सीधी व समतल है और वे भी सीधे खड़े हैं। इसके निचले एवं बाजू के हिस्सेवाले देशों जैसे भारत में भी लोग कहते हैं कि हम सीधे खड़े हैं क्योंकि उनकी आँखों के सामने यही तथ्य है। उनका शरीर भी यही महसूस कर रहा है। फिर भी इसके विपरीत सत्य कुछ और है। वास्तव में गुरुत्वाकर्षण की शक्ति से धरती से उल्टा लटका इंसान, टेढ़ा खड़ा इंसान भी ख़ुद को सीधा खड़ा हुआ ही मान रहा है।

जैसे सूरज के आगे बादल आने पर सूरज के अस्त होने का वहम होता है। रात को तो यह तथ्य ही बन जाता है कि सूरज अस्त हो गया है। जबकि सत्य यह है कि सूरज उदय या अस्त नहीं होता वह तो निरंतर एक सा ही है। हमारी स्थिति ही परिवर्तित होती रहती है, जिससे रात को हम उसे देख नहीं पाते। चाँद की कलाएँ भी अलग-अलग दिन बदल जाती है। कभी वह पूरा दिखता है, कभी आधा ...मगर सत्य यही है कि वह जैसा है वैसा ही रहता है, न घटता है, न बढ़ता है।

इसी तरह इंसान का सबसे बड़ा वहम है कि शरीर मिटते ही उसकी मृत्यु हो जाती है। उसके लिए यही तथ्य भी है क्योंकि शरीर के मिटते ही तथाकथित मृतक लोग दिखने बंद हो जाते हैं। लेकिन सत्य यही है कि

उनका जीवन सूक्ष्म शरीर के साथ बना रहता है और आगे की यात्रा जारी रखता है। इन तीनों से ऊपर तेजसत्य यह है कि जन्म और मृत्यु जैसी कोई चीज़ है ही नहीं। एक ही चेतना है जो अलग-अलग रूपों में चारों ओर प्रकाशित हो रही है और लीला कर रही है।

वहम के पीछे छिपा सत्य देखें

कुछ संसार की और कुछ अपने जीवन की घटनाएँ आपके सामने वहम पैदा करती हैं, जिन्हें मन सच मानकर दुःखी होने लगता है। सोचने लगता है कि अब मेरा क्या होगा? संसार में मंदी फैली है, मैं ग़रीब हो जाऊँगा... उम्र बढ़ रही है, अब तो बुढ़ापा आएगा और बीमारियाँ लाएगा... आजकल तो बच्चे भी बुढ़ापे में साथ नहीं देते... महँगाई बढ़ती जा रही है, आगे चलकर गुज़ारा कैसे होगा... बच्चे कैसे बड़े होंगे, इतनी समस्याओं के बीच कैसे उन्हें सैटल कर पाऊँगा... हर साल गर्मी और सर्दी बढ़ती जा रही है, बारिश कम हो रही है, आगे कैसे जिएँगे... आजकल तो कैंसर जैसी बीमारी आम बन गई है, कहीं मुझे न हो जाए... आदि।

अब भला इन सब विचारों के रहते कोई कैसे चैन से बैठ सकता है? ऐसे वहमों के तिलस्म के बीच इंसान जीते-जी भी पत्थर का बुत बना ही घूम रहा है। जो इंसान ऐसी वहम भरी बड़बड़ करनेवाले तोलू मन पर सवालों का सही निशाना नहीं साध पाएगा, वह जिंदा से पत्थर ही बन जाएगा। अतः आपको अपने ऐसे हर विचार की पूछताछ करनी है, 'यह जो मुझे दिख रहा है, जिसके कारण दुःख, असुरक्षा, निराशा उत्पन्न हो रही है... क्या यह सत्य है या मेरे मन का वहम?'

आपको वहम का तिलस्म तोड़ना है यानी जिस वजह से वैसा दिख रहा है, उस वजह को तोड़ देना है। तोलू मन को सही सवाल के तीर से बींधकर उसे सत्य का दर्शन कराना होगा। आपको स्वयं से बस इतना ही पूछना है, **'क्या यह वहम है, तथ्य है, सत्य है या तेजसत्य है?'** यह सवाल पूछते ही आपको कुछ नए आयाम दिखाई देने लगेंगे। वहम के बीच जब सत्य प्रकट होगा तब आपको खुद-ब-खुद एक अजीब शांति महसूस होगी।

मानो, किसी की मेडिकल रिपोर्ट आनेवाली है तो उसकी कैसी हालत होगी? 'पता नहीं क्या आएगा? यह तो नहीं हो गया होगा, वह तो नहीं हो गया होगा?' ऐसे में **'क्या यह वहम है, तथ्य है, सत्य है या तेजसत्य है?'** यह सवाल पूछकर आप रिपोर्ट देखने से पहले ही ख़ुद को शांत कर पाएँ। क्योंकि रिपोर्ट कोई भी आए, अगर आपके विचार स्वस्थ हैं, सुंदर हैं तो कोई भी रिपोर्ट आपको दुःख नहीं दे सकती।

जब भी कभी आपको दुःखी करनेवाला विचार आए तब आप सजग हो जाएँ और ख़ुद से पूछें : 'कहीं यह मेरा वहम तो नहीं है, क्या एक विचार में इतनी ताक़त है, जो मुझे दुःखी कर सकता है, दुःखी करने के पीछे इस विचार के कौन से तथ्य हैं, क्या यह सत्य है या तेजसत्य है?' इसी तरह के अन्य सवाल पूछकर सत्य को सामने लाएँ। जैसे : 'दुःख क्या है, क्यों होता है, कहाँ से आता है, हम दुःखी और परेशान क्यों होते रहते हैं?'

यदि छोटी-छोटी घटनाओं में दुःख की भावनाएँ उमड़ आती हैं तो इसका अर्थ ज़रूर हमारे अंदर कुछ मान्यताएँ, धोखा, अज्ञान, बेहोशी या कुछ और घुस आया है जो हमें दुःखी कर जाता है। इन प्रश्नों का हल ढूँढ़ने के लिए हमें ख़ुद से सवाल करने होंगे, स्वयं से बात करने का तरीक़ा सीखना होगा।

किसी को विचार आया कि 'कहीं मैं ग़रीब तो नहीं हो जाऊँगा... कहीं किसी ने मेरे अकाउंट से पैसे तो नहीं निकाले... कहीं बैंकवालों से कोई ग़लती तो नहीं हो जाएगी... वैसे भी आजकल बहुत धोखेबाज़ी हो रही है' वगैरह। ऐसे में सबसे पहले शांत हो जाएँ। अब ख़ुद से सही सवाल पूछें – 'क्या यह मेरा वहम है, तथ्य है, सत्य है या तेजसत्य है?' सही सवाल पूछते

ही आपका मनन शुरू हो जाएगा। आपको विचार आएगा – 'हो सकता है यह मेरा वहम हो, मैं बैंक जाकर पता लगाकर आता हूँ कि हक़ीक़त क्या है? यूँ ही परेशान होते रहने में कोई हल नहीं निकलेगा और आगे से मैं ख़र्च करने में भी सावधानी बरतूँगा...।' इस प्रकार आप विचारों की बेवजह परेशानी से ख़ुद को दूर रख सकते हैं।

कोई सोचेगा : 'आज बहुत ठंड है' तो उसके लिए ठंड होना भी दुःख है। ऐसे में पूछना चाहिए क्या यह वहम है? वह बोलेगा कि इतनी ठंड महसूस हो रही है तो वहम कैसे हो सकता है? मगर फिर भी ख़ुद से पूछना चाहिए 'क्या यह तथ्य है?' जवाब होगा – 'हाँ क्योंकि स्वेटर पहन रहे हैं।' मगर क्या यह सत्य है? नहीं है।

वह इंसान कहेगा, कैसे सत्य नहीं है इतनी ठंड लग रही है, कैसे नकारें?

ज़रूरी नहीं अगर एक इंसान को ठंड लग रही हो तो वाक़ई ठंड है। गरम जगह पर रहनेवाले के लिए 15 डिग्री तापमान पर भी ठंड हो सकती है और किसी बर्फ़ीले ठंडे प्रदेश में रहनेवाले के लिए हो सकता है शून्य डिग्री तापमान से नीचे भी ठंड न हो क्योंकि उसके शरीर के लिए यह नॉर्मल तापमान है।

लोग सापेक्षता (रिलेटीविटी) के हिसाब से तथ्य कहते हैं। यदि आज ठंड है तो आपकी बॉडी आज मंद है। बॉडी जैसी है, उसके अनुसार ठंड महसूस होती है। किसी इंसान को बोरिंग काम करने को दे दिया जाए तो उसके लिए समय कितना बड़ा होता है कि 'अभी तो एक मिनट हुआ है... अभी सिर्फ़ दस ही मिनट हुए हैं' और उसी इंसान को पसंदीदा स्टार की फ़िल्म देखने बिठा दिया जाए तो उसे तीन घंटे तक पता नहीं चलेगा कि समय कैसे बीत गया। अर्थात समय का कम या ज़्यादा होना दोनों ही वहम हैं। सच्चाई यह है कि समय न कम है, न ज़्यादा ... बस है।

इसी तरह इंसान रिश्तों में भी वहम का शिकार होता है। किसी घटना में हम झट से मान लेते हैं – 'सामनेवाला मुझसे नफ़रत करता है, मेरा ख़याल

नहीं रखता, वह बुरा है।' मगर यह सच न होकर, आपका वहम हो सकता है। सामनेवाले के लिए हम जितनी बातें सोचते हैं, वे सब वहम ही होती हैं। जब तक आप उससे बातचीत नहीं करते तब तक आपका वहम नहीं टूटता। जब भी 'शायद' आए तो जान लें कि यह वहम है, हक़ीक़त नहीं। सही सवाल द्वारा ख़ुद से पूछ लें कि 'तथ्य क्या इशारा कर रहे हैं? यह बात कितनी सत्य है' या 'क्या यह तेजसत्य है?' आपको आपका जवाब मिल जाएगा।

यह विचार 'लोग बुरे हैं' आपके जीवन में बुरे लोगों को आकर्षित कर सकता है क्योंकि जैसे विचार होंगे, वैसे ही उनके फल आएँगे। जबकि लोग बुरे नहीं हैं, जैसा उसे लग रहा है। तो क्या यह उसका वहम है? 'हाँ', उसे वैसा दिख रहा है। उस इंसान के पास कई तथ्य भी है, जो उसे बताते रहते हैं कि 'लोग बुरे हैं' मगर सत्य यह नहीं है। सत्य कहता है – **लोग बुरे नहीं हैं बल्कि वे अपनी वृत्तियों से मज़बूर हैं। उनकी वृत्तियाँ उन्हें बुरा करने और बनने पर विवश करती हैं।**

इंसान के अंदर जब नकारात्मक भावना जाग्रत होती है तब उसे पता नहीं चलता कि 'यह क्या हो रहा है।' ऐसे में वह दूसरों को डाँटता-फटकारता है, गुस्से से बड़बड़ाता है। असल में वह दूसरों को डाँटकर, लड़-झगड़कर ख़ाली होना चाहता है। हमारे आस-पास ऐसे कई उदाहरण मौजूद हैं। जैसे एक सास है, जो अपनी बहू पर चिल्ला रही है। एक बॉस है जो अपने कर्मचारी को डाँट रहा है। घर का मालिक है जो अपने नौकरों पर बरस रहा है। उनमें तीव्र भावना जागी है, वे इतने भर गए हैं कि दूसरों पर चिल्लाकर ख़ाली होना चाहते हैं।

जब कोई इंसान बहुत गुस्से में है और वह आपसे कहता है कि 'तुम मुझसे बिलकुल बात मत करो।' तब आप उसके शब्दों पर बिलकुल ध्यान न दें बल्कि उसकी बातें, उसका चीख़ना-चिल्लाना बिना किसी रोक-टोक के पूरा सुन लें। जब वह बोलकर ख़ाली हो जाए तब वह आपसे ख़ुद ही आकर कहेगा – 'तुम ही मेरे सच्चे मित्र हो।' आप सोचेंगे – 'अरे! यह तो कमाल हो गया, कुछ देर पहले तो कह रहा था कि मुझसे बिलकुल बात मत करो, अभी बोल रहा है तुम मेरे सच्चे मित्र हो।' यह परिवर्तन इसलिए हुआ

क्योंकि आपको पता है कि आपका मित्र कैसा है, उसका कौन सा हिस्सा सही है, जब वह क्रोध में था या जब वह शांत है। आपको मालूम है कि वह अपनी वृत्तियों से मज़बूर है। उसकी वृत्तियाँ, उसकी भावनाओं को तीव्रता से जगाती हैं और वह क्रोधवश उत्तेजित हो जाता है।

तात्पर्य – 'लोग बुरे हैं', यह तथ्य नहीं है। तथ्यों के पीछे छिपे सत्य को देखें। सत्य कहता है – 'लोग बुरे नहीं, मजबूर हैं, उनकी वृत्तियाँ, टेन्डेंसीज़ हैं इतनी गहरी हैं कि उनसे ग़लत कार्य करवाती हैं। आप क्षमा साधना के साथ उनकी मदद करें। उनकी तकलीफ़ सुनकर, उन्हें उनकी नकारात्मक भावनाओं से छुटकारा दिलवाएँ। यह आपकी तरफ़ से बहुत बड़ी सेवा होगी।'

अब यदि किसी को विचार आता है कि 'आज-कल के बच्चे बहुत शैतान हैं' तो जवाब आएगा – 'हाँ, दिखते तो हैं कि वे कितनी शरारतें करते हैं मगर सत्य यह है कि आज-कल के बच्चे भगवान बालकृष्ण की नक़ल ज़्यादा कर रहे हैं और तेजसत्य है – बच्चे तो भगवान हैं।' पहले के युग में भी और आज भी बच्चे अपने केंद्र पर शांति से उपस्थित हैं, बच्चे शुद्ध हैं। यह तो उम्र के साथ शरीर पर मान्यताओं और वहमों की धूल लगनी शुरू हो जाती है। जैसे-जैसे आपकी जीवन यात्रा चलती है, धूल आनी शुरू हो जाती है। सही समय पर सही सवाल पूछकर हमें उस धूल को हटाते जाना है।

परिवर्तन जीवन का नियम है

किसी को विचार आया कि 'व्यापार में मंदी चल रही है।' कुछ लोगों के लिए मंदी का विचार वहम हो सकता है। कुछ लोगों को व्यापार में मंदी होने के तथ्य मिलते हैं तब लगता है कि 'हाँ! शायद ऐसा ही हो क्योंकि मंदी दिख रही है। लोगों का बिज़नेस कम हो रहा है, बिक्री कम हो रही है, यह तथ्य दिख रहा है।' मगर सत्य क्या है – 'यह मंदी नहीं बल्कि बुलंदी की तैयारी है क्योंकि जब-जब मंदी आई है, संसार ने नई बुलंदियों को छुआ है। इसके पीछे छिपा तेजसत्य है – कुदरत कुछ समय के लिए कार्यों के बीच में आकर विराम (पॉज़) लगाती है। अर्थात संसार में कुछ ऐसी घटनाओं का निर्माण होता है, जिनकी वजह से मंदी आती है। उसके बाद समस्या से बाहर आने

के लिए कुछ लोग कुछ नया क्रिएटिव सोचते हैं। कुछ सकारात्मक पहल होती है, नया निर्माण होता है, नये रास्ते निकलते हैं जिससे वापस बुलंदियाँ आती हैं। इसी तरह संसार की विकास यात्रा चल रही है।

किसी समय पर कुदरत चाहती है कि कुछ चीज़ों का नवीनीकरण हो, कुछ नव निर्माण हो। इसके लिए वह संकेत देती है कि इंसान को अपने कार्यों पर पुनर्विचार करना चाहिए। नई सोच से नए कार्य करने के लिए इंसान को लचीला बनना पड़ेगा। पुराने, घिसे-पिटे तरीक़ों को छोड़कर नए को अपनाना होगा। आज समय के अनुसार बदलने हेतु इंसान को जीने के, ध्यान करने के, क्षमा माँगने के नए तरीक़े सीखने और समझने होंगे। रिश्तों में प्रेम और मधुरता लाने के लिए नया प्रतिसाद सीखना होगा।

जब इंसान नया कुछ सीख नहीं पाता तब मंदी आती है, जो आपको सोचने पर मज़बूर करती है। इसका अर्थ यह नहीं है कि कुदरत आपसे नफ़रत करती है। पृथ्वी पर जो भी घटनाएँ हो रही हैं वे आपको जगाने, झिंझोड़ने के लिए आती हैं। यह आपके प्रति कुदरत का प्रेम है।

अतः समझ यह हो कि जीवन में जब भी कुछ परिवर्तन आते हैं तो हमें अपने पुराने ढर्रे से बाहर निकालने के लिए आते हैं। इस तेजसत्य को समझकर हमें उससे बाहर आना है। सही सवाल पूछकर और सूक्ष्म मनन करके इंसान वहम के पीछे छिपे तेजसत्य को समझ पाता है और वहम के विचार से मुक्त हो जाता है।

यहाँ पर उदाहरण के तौर पर कुछ ऐसे वहम दिए जा रहे हैं, जो अकसर सभी लोगों को परेशान करते हैं। आपको उनके पीछे छिपा तेजसत्य खोजकर, अपना ध्यान उसी पर केंद्रित करना है।

तथ्य : मुझे हर दिन घर की साफ़-सफ़ाई करनी पड़ती है।

वहम : चारों तरफ़ फैली कितनी गंदगी है।

सत्य : अंदर की गंदगी (मन के मैल) साफ़ करने के लिए मुझे मिली ज़िंदगी है।

तेजसत्य : अंदर की गंदगी साफ़ करते-करते, करनी मुझे केवल बंदगी है।

■ ■ ■

तथ्य : सामनेवाले ने मुझे देखकर मुँह फेर लिया।

वहम : मैं गुस्सैल नहीं हूँ, लोग जान-बूझकर मुझे गुस्सा हैं दिलाते।

सत्य : गुस्से पर मनन करवाकर लोग मेरी सहनशक्ति और धैर्य को हैं बढ़ाते।

तेजसत्य : ईश्वर मेरे प्रेम में, मेरे गुणों को उभारने हेतु ऐसे किरदार हैं निभाते।

■ ■ ■

तथ्य : मेरे काम नहीं हो रहे हैं, मुझे कोई पार्टी में आमंत्रित नहीं करता।

वहम : मन कहता है, मैं उदास हूँ।

सत्य : उदासी पर ध्यान कर पाया, मैं ईश्वर का दास हूँ।

तेजसत्य : सत्य तो यह है कि मैं अपने होने का एहसास (स्वअनुभव) हूँ।

■ ■ ■

तथ्य : मुझे नौकरी से निकाल दिया गया।

वहम : मैं बहुत दुःखी हूँ।

सत्य : फिर भी मैं अनेक से सुखी हूँ और एक मुखी (एक सेल्फ़ की ओर देखनेवांला) हूँ।

तेजसत्य : मैं भी वही (स्वअनुभव) हूँ।

■ ■ ■

तथ्य : मेरे सहकर्मी ने मेरे साथ धोखा किया।

वहम : कर रहे हैं सब मुझे तंग।

सत्य : मौक़ा आया है करने का मेरा हौसला बुलंद।

तेजसत्य : करनी है रब की अभिव्यक्ति क्योंकि मैं हूँ उसी का अंग (शरीर, माध्यम)।

■ ■ ■

तथ्य : मेरा बेटा डॉक्टर बन गया।

वहम : संसार में सब कुछ इंसानों ने बनाया।

सत्य : लेकिन इंसान को ईश्वर ने बनाया।

तेजसत्य : वास्तव में ईश्वर ही इंसान बनकर आया।

■ ■ ■

तथ्य : मेरे घर में चोरी हो गई।

वहम : ये दुनिया बहुत बुरी है, सब हैं बेईमान।

सत्य : समय आ गया है खोजने का अपना ईमान।

तेजसत्य : अपना आईना (शरीर) साफ़ कर, अपनी ख़बर जान।

■ ■ ■

तथ्य : मेरे घुटनों में दर्द है।

वहम : मैं बीमार हूँ।

सत्य : यह शरीर के द्वारा मिला फ़ीडबैक है।

तेजसत्य : जो हक़ीक़त में 'मैं' है, वह बीमारी से कोसों दूर है।

■ ■ ■

खण्ड – 2

सवा लाभ के 7 सवाल

पुस्तक के पहले खण्ड में आपको हातिमताई की कहानी में पिरोए गए सात सवालाखी सवाल मिले। आपने इन सवालों के महत्त्व को समझा और जाना कि कैसे एक सही सवाल आपके जीवन की ग़लत दिशा को यू-टर्न दे सकता है। आपको नकारात्मकता और दुःखों के अंधेरे से निकालकर ज्ञान, भक्ति, आनंद और शांति के उजियारे लोक में पहुँचा सकता है। पुस्तक के इस खण्ड में आपके लिए सात और ऐसे ही शक्तिशाली सवाल संकलित किए गए हैं। ये 'सवालाभी' सवाल हैं, जिनके प्रयोग से होनेवाले लाभों की आप कल्पना भी नहीं कर सकते हैं।

लाभ की बात चली है तो सबके मन में 'लाभ' की अलग-अलग तसवीर उभरती है। किसी के लिए पैसे का लाभ ही असली लाभ है, किसी के लिए समय की बचत असली लाभ है। सबके लिए 'लाभ' शब्द के अलग-अलग मायने हैं।

भूरालाल अपने बाल कटवाकर दोस्त से मिलने पहुँचा। उसके हर बार से ज़्यादा छोटे कटे बाल देखकर दोस्त ने पूछा – 'इस बार तुमने बाल बहुत छोटे कटवा लिए?' भूरालाल ने जवाब दिया – 'बाल तो ठीक ही कटवाए थे मगर नाई के पास पाँच रुपए छुट्टे नहीं थे तो मैंने ही उससे कहा पाँच रुपए के और बाल काट दो। इस तरह से मेरा पाँच रुपए का लाभ हो गया वरना मेरे पाँच रुपए बेकार जाते।'

लोग अतिरिक्त लाभ के चक्कर में शॉपिंग के आकर्षक ऑफ़रों में

फँसकर बहुत बार अनावश्यक वस्तुएँ ख़रीद डालते हैं। जो बाद में घाटे का सौदा ही साबित होता है। अतः हमें यह समझना ज़रूरी है कि जिसे हम लाभ समझ रहे हैं, क्या वाक़ई वह लाभ है? कहीं बाहर से दिख रहा लाभ आगे चलकर हमारा नुक़सान तो नहीं कर रहा? कुछ लोग बस या ट्रेन में बग़ैर टिकट सफलतापूर्वक यात्रा कर लेते हैं तो इसे अपना बड़ा फ़ायदा मान लेते हैं, वे यह नहीं समझते कि इस तरह से चोरी और कपट करने की आदत उनका आगे चलकर कितना बड़ा नुक़सान कराएगी।

आपको सही लाभ के मायने समझने हैं। सवालाभी सवाल आपका लाभ-हानि से आगे बढ़कर लाभ करेंगे। इन सवालों को आपको ढूँढ़ निकालने नहीं हैं बल्कि इन्हें जीवन में उतारने हैं। इस खण्ड के हर अध्याय में आपको एक सवालाभी सवाल मिलेगा, जो आपका तेजलाभ (लाभ-हानि से परे का लाभ) कराएगा। सवालाखी कहें या सवालाभी, ये सभी सही सवाल हैं, जिन्हें आपको सही समय पर पूछना है।

सही सवाल पूछने के लाभ :

1. नए विकल्प : सही सवाल पूछने से समस्या के नए विकल्प सामने आते हैं। नया विकल्प मिलने पर इंसान नए ढंग से सोच पाता है। अतः नए विचार, नई भावना, नए शब्द इंसान के सामने आते हैं। पुराने विचारों से सवाल कभी भी नहीं सुलझते। इसीलिए सही सवाल पूछकर नए विकल्प सामने लाएँ।

2. समस्या का समाधान : इंसान का अज्ञान मिटाने का सबसे असरदार इलाज है, 'सही सवाल' मगर नासमझी में लोग ग़लत जगह पर सही सवाल पूछते हैं या सही जगह

पर ग़लत सवाल पूछते हैं। इंसान जब प्रतिकूल घटनाओं से गुजरता है तब उसे सही सवाल पूछने चाहिए। क्योंकि कुदरत तब तक दुःख देती रहती है, जब तक इंसान स्वयं से सही सवाल नहीं पूछता। कठिन परिस्थिति में 'मेरे साथ ही ऐसा क्यों होता है... अब मैं क्या करूँगा?' यह सही सवाल नहीं है। इसकी जगह, 'जो आया है, वह स्वीकार है, अब इससे निपटने का सही तरीक़ा क्या हो सकता है?' यह सही सवाल समस्या के समाधान ढूँढ़ निकालने में आपकी मदद करेगा।

3. **रचनात्मकता** : सही सवाल पूछने से इंसान के भीतर छिपा हुआ रचनाकार जाग्रत होता है। उदाहरण के तौर पर अगर आप एक टेबल देखते हैं तो ख़ुद से सही सवाल पूछें – 'यह टेबल नया है या पुराना? क्या इसकी और संभावनाएँ हैं, जो टेबल में दबी हुई हैं?' इस सवाल का जवाब – 'हाँ' आए तो इसका अर्थ टेबल पुराना है। इसमें कई अन्य विशेषताएँ जोड़ी जा सकती हैं तभी यह टेबल सचमुच नया बन पाएगा। इस तरह सही सवालों की सहायता से इंसान रचनात्मक, सकारात्मक और आनंदात्मक बन जाता है और ग़लत सवाल उसे अज्ञान, बोरडम और दुःख की खाई में ढकेल देते हैं।

4. **उच्चतम अभिव्यक्ति के लिए संकेत** : सवाल यानी उच्चतम अभिव्यक्ति के लिए कुदरत द्वारा दिए गए संकेत हैं। सवालों से अज्ञान हट जाता है और अज्ञान हटते ही क्रिएशन (नवनिर्माण) की उच्चतम संभावना प्रकट होती है।

5. **पृथ्वी लक्ष्य की प्राप्ति** : हर घटना में सही सवाल पूछने से सुख, समृद्धि, धन-दौलत, रिश्तों में मधुरता और सांसारिक सफलता तो मिलती ही है मगर सही सवाल पूछने की कला इंसान को पृथ्वी लक्ष्य प्राप्ति में मदद कर सकती है। हर इंसान पृथ्वी पर एक उच्चतम लक्ष्य की प्राप्ति करने हेतु आया है। 'स्वयं को जानना और उच्चतम आनंद की अवस्था में स्थापित होना' ही पृथ्वी लक्ष्य है।

बालक नचिकेत ने यमराज से सही सवाल पूछकर अपना पृथ्वी लक्ष्य प्राप्त किया। संत ज्ञानेश्वर ने अपने बड़े भाई निवृत्तिनाथ से सही सवाल पूछकर जीवन का अर्थ जाना। नारद ने डाकू रत्नाकर से सही सवाल पूछकर

उसका होश जगाया। 'मैं कौन हूँ?' यह सही सवाल पूछकर इंसान उच्चतम आनंद, बेशर्त प्रेम और मौन की गहराई तक पहुँच सकता है।

सही सवाल पूछने के उच्चतम लाभों को जानकर आपको सही समय पर जाग्रत होना है। माया में जाने से पहले... शॉपिंग करने से पहले... किसी का दिल दुःखाने से पहले... खुद दुःख मनाने से पहले... किसी समस्या को सुलझाने से पहले... परेशान होते ही... चेतना नीचे गिरते ही पहला काम सही सवाल पूछने का करना है। तो आइए, कुछ और सही सवालों को पूछने का शुभारंभ करते हैं।

...सरश्री

अध्याय 17

दिव्य तरंग की ताल

पहला सवालाभी सवाल

इस पहले सवालाभी सवाल में 'दिव्य तरंग' का अर्थ है – कुदरत या स्रोत। वह स्रोत जहाँ से पूरी सृष्टि के लिए जीवन की दिव्य तरंगें प्रसारित हो रही हैं। कुदरत हर वक़्त, हर जगह, एक समान प्रसारित होकर सभी के लिए प्रेम, आनंद, शांति, समृद्धि, संतुष्टि, चुस्ती, भक्ति और ज्ञान की दिव्य ऊर्जा बिखेर रही है। कुदरत के गुण हैं – भरपूरता, सुंदरता, सहजता, सरलता, समृद्धि और रचनात्मकता।

सवाल में आया 'रेडियो' कोई बाहरी रेडियो नहीं है, जिसे ट्यूनकर आप गाने, कमेंट्री या न्यूज़ सुनते हैं। यह इंसान के मन का रेडियो है, जो इंसान की आंतरिक अवस्था बताती है कि 'वह ईश्वर की दिव्य तरंग (कुदरत) के साथ ट्यून है या नहीं।' बाय डिफ़ॉल्ट हर इंसान का मनरूपी रेडियो कुदरत के साथ ट्यून होकर आता है। मगर जैसे–जैसे वह बड़ा होता जाता है और संसार के अनुभव लेता है, उसके साफ़ मन में कपट, अहंकार, ईर्ष्या, द्वेष, निराशा, दुःख, महत्त्वाकांक्षा आदि विकारों की मिलावट होनी शुरू हो जाती है। फलस्वरूप उसका रेडियो कुदरत से मिसट्यून हो जाता है।

कुदरत से तालमेल बिगड़ते ही इंसान दुःख, अपूर्णता, असफलता, अस्वस्थता का शिकार बन जाता है। इसके विपरीत इंसान जब कुदरत के साथ तालमेल रखता है तब वह अकारण ख़ुश रहता है। उसकी ख़ुशी किसी

बात पर निर्भर नहीं करती। उसे हर समस्या का समाधान स्पष्टता से दिखने लगता है।

इस वक़्त आपकी स्थिति कैसी है, आप दिव्य तरंग के ताल में हैं या बेताल में? यह जानने के लिए आपको स्वयं से यह सवाल बार-बार पूछना है कि 'क्या वह रेडियो ऑन है, जो दिव्य तरंग के ताल और प्यार में है?' यहाँ प्यार का मतलब है कि रेडियो लगातार ताल में बने रहना चाहता है। वह इस बात के लिए प्रयास करता रहता है कि उसकी दिव्य तरंग से ट्यूनिंग न बिगड़े। यह सवाल पूछते ही आप ख़ुद को अंदर से जानने लगते हैं कि इस वक़्त मेरी स्थिति कैसी है?

रेडियो में ज़रा भी खरखर है यानी अंदर कुछ दुःख है... कुछ चिड़चिड़ हो रही है... बोरियत हो रही है... कुछ अस्वीकार हो रहा है तो इसका अर्थ है आप मिसट्यून्ड हैं। इसके विपरीत अगर आपके अंदर प्रेम, आनंद, आश्चर्य और सराहना के भाव हैं तब आप दिव्य तरंग के साथ तालमेल में हैं।

आपने सवाल पूछकर ख़ुद की ख़बरदारी ली और आपको जैसे ही पता चला कि रेडियो की सुई थोड़ी सरक गई, मिसट्यूनिंग हो गई तो आप जानते हैं कि ऐसा होने पर क्या करना है। आपको रेडियो की सुई घुमानी है और तब तक घुमानी है, जब तक कि दिव्य तरंग का मधुर संगीत (प्रेम, मौन, आनंद, आश्चर्य, सराहना के भाव) सुनाई न देने लग जाए। बीच में ऐसी स्थिति भी आती है कि हलका सा संगीत भी सुनाई दे रहा है और थोड़ी खरखर भी सुनाई दे रही है। तब आपको कहा जाएगा- 'रेडियो थोड़ा और ट्यून करने का प्रयास करें।'

अपना रेडियो कैसे ट्यून करें?

जब भी कोई दुःखद विचार सताए तब सबसे पहले स्वयं से पहला सवाल पूछें। अगर मन कहे – 'मैं दिव्य तरंग के साथ तालमेल में नहीं हूँ' तो नीचे दिए गए मार्ग अपनाकर ख़ुद की तरंगें बदलें।

1. **साँस पर ध्यान दें** : इंसान के विचारों और भावनाओं का नज़दीकी रिश्ता उसकी साँस के साथ होता है। तनावभरे विचारों से इंसान की साँस उथली बन जाती है। अतः जब भी तनाव आए, दुःखद विचार सताए, सबसे पहले अपनी साँस पर ध्यान दें। दीर्घ साँस लें और धीरे से छोड़ें। फिर कुछ मिनट्स हर साँस को साक्षी रहकर आते-जाते देखते रहें। ऐसा करने से धीरे-धीरे मन की व्याकुलता कम होती है और आपका दिव्य तरंग के साथ तालमेल बढ़ता है।

2. **कृपाओं पर मनन करें** : आज तक आप पर कुदरत ने जो भी कृपाएँ की हैं, उन पर गहराई से मनन करें। मनुष्य जन्म मिलना, उच्च ज्ञान प्राप्त होना, अच्छा साहित्य पढ़ने के लिए मिलना, अच्छे रिश्तेदार, सच्चे मित्र, सही दिशा देनेवाले गुरु, सही संघ, शरीर का हर अंग जैसे – सुंदरता का दर्शन करानेवाली आँखें, कार्य करने के लिए मिले हुए हाथ, ज्ञान ग्रहण करनेवाला मस्तिष्क... आज तक आपको क्या-क्या मिला है, उन सब पर मनन करें ताकि आप कुदरत के साथ ट्यून्ड हो जाएँ।

3. **कृतज्ञता के भाव में रहें** : आपको जीवन में जो भी मिला है, उसके प्रति कृतज्ञता व्यक्त करें। ईश्वर को बार-बार और दिल से धन्यवाद दें। जो लोग आप तक कृपा पहुँचाने के लिए निमित्त बने हैं, उन्हें भरपूर धन्यवाद दें। ईश्वर, कुदरत, सभी के प्रति कृतज्ञता का भाव रखें। कृतज्ञता का भाव सभी सकारात्मक चीज़ों को आकर्षित करता है। जीवन में आई हुई हर चीज़ के प्रति एहसानमंदी की भावना रखकर स्वयं को दिव्य तरंग से ट्यून करें।

4. **दिव्य रोशनी (डिवाइन लाइट) ग्रहण करें** : शांत मन से बैठकर कल्पना करें कि पूरे विश्व पर और आप पर भी दिव्य ईश्वरीय प्रकाश बरस

रहा है। आप उसे पूरी तरह ग्रहण कर रहे हैं। उसके सकारात्मक प्रभाव से आपकी सारी नकारात्मकता और दुःख दूर हो रहे हैं। आप दिव्य ऊर्जा से भर रहे हैं। आपकी चेतना तेजी से बढ़ रही है। आपके चारों ओर प्रेम, मौन, आनंद, सद्भावना बरस रहे हैं। इस भाव में आते ही आपका दिव्य तरंग से तालमेल हो जाएगा।

5. स्वीकार की शक्ति का इस्तेमाल करें : इंसान के जीवन में बहुत बार ऐसे अनचाहे परिवर्तन आते हैं, जो उसे सहजता से स्वीकार नहीं हो पाते। ऐसे समय में वर्तमान स्थिति से प्रतिरोध (रेजिस्टेंस) उभरता है, अनगिनत शिकायतें पनपती हैं। जिस वजह से उसकी कुदरत से मिसट्यूनिंग हो जाती है। ऐसे में पूरे भाव के साथ कुदरत से कहें – 'तुम्हें जो लगे अच्छा, वही मेरी इच्छा', ऐसा बारम्बार दोहराने पर आपमें कुदरत के निर्णयों के प्रति स्वीकारभाव बढ़कर तालमेल बनेगा।

रेडियो और दिव्य तरंग, दो नहीं एक

रेडियो है शरीर और दिव्य तरंग है स्वअनुभव (कुदरत, सेल्फ़, ईश्वर, चैतन्य)। जब इन दोनों का सौ प्रतिशत सही तालमेल होता है तो वे दो न रहकर, एक हो जाते हैं। संसार में हुए सभी स्वअनुभवी शरीर जैसे संत कबीर, गुरुनानक, फ़कीर मंसूर, ईसामसीह, भगवान बुद्ध, संत मीराबाई आदि ऐसे ही रेडियो थे। उनकी दिव्य तरंग के साथ फ़ाइन ट्यूनिंग की इस अवस्था को हम एक कहानी द्वारा समझ सकते हैं।

एक बार श्रीकृष्ण की पत्नी रुक्मिणी उनके लिए दूध लेकर आई। उस दिन दूध कुछ ज़्यादा गरम हो गया। जब श्रीकृष्ण ने वह तेज गरम दूध पिया तो उनके मुँह से निकल गया , 'हे राधे...!' रुक्मिणी को बड़ा आश्चर्य हुआ कि सारा संसार विपदा में जिनका नाम लेता है, वे स्वयं राधे का नाम ले रहे हैं? शिव का नाम लेते तो भी समझ आता मगर राधे नाम क्यों लिया? रुक्मिणी से रहा न गया और उन्होंने श्रीकृष्ण से यह राज़ जानना चाहा। श्रीकृष्ण ने कहा, 'यह बात तो तुम स्वयं राधा से ही जाकर पूछो।'

रुक्मिणी राधा से मिलने गई तो राधा का तेज़ देखकर उनकी

आँखें चौंधियाँ गई। रुक्मिणी ने उनके पैर छूकर आशीर्वाद लेना चाहा। पाँव छूते समय रुक्मिणी ने देखा कि राधा के पैर जले हुए थे। उनके पैरों पर जलन से फफोले आए हुए थे। रुक्मिणी ने राधा से पूछा– 'अरे! आपके पैर कैसे जले?' राधा ने मुस्कराते हुए उत्तर दिया– 'आपने जो गरम दूध श्रीकृष्ण को पिलाया था, उसी की वजह से ऐसा हुआ।' रुक्मिणी आश्चर्यचकित रह गई कि ऐसा कैसे हुआ ? इस पर राधा ने बताया – 'जो श्रीकृष्ण के हृदय में खेलते हैं, उन पर श्रीकृष्ण की अवस्था का असर होता है।' रुक्मिणी को उस दिन श्रीकृष्ण और राधा का तालमेल समझ में आया।

यदि आपने कहानी में राधा को एक स्त्री और श्रीकृष्ण को एक पुरुष समझा और उनके प्रेम को सामान्य लौकिक प्रेम समझा तो इसका अर्थ हुआ आप कहानी का मर्म नहीं समझ पाए। यहाँ राधा एक ऐसा शरीर है जो स्वअनुभव (कृष्ण, उच्चतम चेतना) में स्थापित है। वह सेल्फ़ स्टैबिलाइज शरीर है या कहें कि ऐसा रेडियो है, जो हर समय पूरी तरह से दिव्य तरंग के ताल में, प्यार में है। अतः दिव्य तरंग (कृष्ण, अनुभव) में जो बज रहा है, वही उस शरीर में भी बज (प्रकट हो) रहा है। यह परफ़ेक्ट तालमेल (फ़ाइन ट्यूनिंग) है।

ऐसी कहानियाँ भक्तों को प्रेरणा देने के लिए बनती हैं, जहाँ संकेतों के माध्यम से उस अवस्था को दिखाया जाता है, जहाँ भक्त और भगवान एक हो जाते हैं। दो का भाव (द्वैत) मिटकर एक अनुभव (अद्वैत) हो जाता है। कोई कहानी बताती है कि भक्त के पैरों में छाले पड़े तो भगवान के पैरों से ख़ून निकलने लगा। भक्त रोया तो भगवान के आँसू निकले...। मीरा कैसे श्रीकृष्ण की प्रतिमा में विलीन हो गई...। ऐसी सभी कहानियाँ शरीर और अनुभव की फ़ाइन ट्यूनिंग की ही कहानी है। यह ट्यूनिंग पाने में पहला सवालाभी सवाल आपको पूरा सहयोग करेगा।

अध्याय 18

असंभव को संभव कैसे बनाएँ

दूसरा सवालाभी सवाल

दूसरा सवालाभी सवाल हमें असंभव को संभव करने की कला सिखाता है। संसार में ऐसे बहुत से काम हैं, जो अधिकतर असंभव मानकर छोड़ दिए जाते हैं। कुछ लोग उन्हें करने की डेयरिंग करते हैं क्योंकि वे असंभव को संभव बनाना जानते हैं। लोग मुक्ति की कामना लेकर अध्यात्म में आते हैं और कुछ दूर चलकर ही वे भी मुक्ति की अवस्था पाना असंभव मानने लगते हैं। आध्यात्मिक मार्ग पर चल रहे लोग भी अकसर यह कहते हुए देखे गए हैं – 'मोह-माया के भवसागर से कैसे बाहर निकलें... इससे बाहर निकलना मुश्किल ही नहीं बल्कि नामुमकिन है।'

लोगों की नज़र में जो भी काम असंभव है, उसे वे 'भवसागर' का नाम दे देते हैं। भवसागर मतलब 'असंभव।' इसीलिए वे 'मैं भवसागर कैसे पार करूँ?' सवाल पूछते हैं। यह सवाल पूछकर वे इसी मानसिकता में रहते हैं कि यह असंभव है जो मुझसे होनेवाला नहीं है। दरअसल वे सवाल नहीं पूछ रहे हैं बल्कि अपनी लाचारी जता रहे हैं, ख़ुद को अयोग्य मान रहे हैं।

अब हमें इस सवाल को बदलना है। '(असं) भव' सागर को 'संभव' सागर बनाना है, जिसे पार करने की संभावनाएँ हैं। इस सवाल को सही रूप देकर पूछें – **'मैं संभव सागर कैसे पार करूँ?'** ऐसा पूछते ही आप अपनी बंद संभावनाओं को खोल रहे हैं।

एक ग़लत सवाल को सही सवाल में बदलते ही वह सवालाभी सवाल बन जाएगा, जो आपको हर समस्या में लाभ देगा । इस सवाल को पूछने के साथ आपको समस्या का उचित समाधान दिखना शुरू होगा । वरना अधिकांश लोग समस्याओं को 'असंभव' समझकर आगे बढ़ ही नहीं पाते । जबकि कुदरत का नियम है, 'समस्या में ही उसका समाधान है।' समस्या चाहे पैसों की हो... स्वास्थ्य की हो... रिश्तों की हो या विश्व की... हर समस्या का समाधान, समस्या से पहले ही दिया गया है, ज़रूरत सिर्फ़ उस तक पहुँचने की है ।

कई लोग – 'इस साल बारिश कम है, अकाल की समस्या है...' ऐसा कह-कहकर परेशान हो जाते हैं । इसके विपरीत सही सवाल पूछने से समस्या का समाधान दिखाई देगा । जैसे : 'अकाल की समस्या को कैसे सुलझाया जाए? असंभव लगनेवाली समस्या को कैसे संभव किया जाए?' इस सवाल के साथ रचनात्मक समाधान सामने आएँगे । जैसे : बारिश का पानी ज़मीन पर गिरने के बाद बहकर व्यर्थ जाता है । ऐसे में 'रेन वॉटर हार्वेस्टिंग' जैसी तकनीक इस्तेमाल करके असंभव लगनेवाली समस्या बहुत ही आसान बन सकती है । हर अधिकारी, प्रशासक और किसान बारिश की समस्या सुलझाने के लिए यदि सही सवाल पूछेंगे तो वे अगले साल आत्मनिर्भर बनेंगे ।

रोज़मर्रा की ज़िंदगी में इंसान को कई समस्याएँ असंभव लगती हैं । ऐसे में असंभव लगनेवाली बात संभव करने के लिए निम्नलिखित तीन सवाल स्वयं से पूछें :

1. फलाँ प्रोजेक्ट, समस्या, बिज़नेस, डील में ऐसा क्या है, जो होना लगभग असंभव लगता है मगर हो गया तो असाधारण सफलता मिलेगी?

कुछ लोग कहेंगे – 'जीवन में भरपूर पैसा होगा तो असाधारण सफलता मिली ऐसा कहा जा सकता है।' कुछ लोगों के लिए 'ज़्यादा समय मिलना' तो कुछ लोगों के लिए 'स्वास्थ्य अच्छा रहना' सफलता की निशानी है। कुछ लोग कहेंगे, 'अगर हमारे ग्राहक के साथ रिश्ते बेहतर बनेंगे या काम करने की सरकार से मंज़ूरी मिल जाएगी तो हमें असाधारण सफलता मिलेगी।'

ऐसे में स्वयं से पूछें – **'असंभव लगनेवाली कौन सी बात है, जो संभव होते ही मुझे असाधारण सफलता मिलेगी?'** इस जवाब को बाक़ी विचारों से अलग कर लें। अब यही जवाब आपको आगे का रास्ता दिखाएगा।

2. मुझे 'असंभव' लगनेवाली बात 'संभव' करने के लिए क्या करना चाहिए?

दूसरे क़दम पर आपको असंभव लगनेवाली चीज़ को संभव करने के तरीक़ों के बारे में सोचना है। जब आपकी सारी ऊर्जा एक दिशा में सोचने लगेगी तब आपका दिमाग़ सही दिशा में रचनात्मक तरीक़े से चलेगा। आपका अपने अंतर्मन से संपर्क बनेगा। आपकी अपने हृदय पर रहनेवाले स्रोत से ट्यूनिंग होगी, जिससे आपको समाधान स्पष्ट रूप से समझ में आने लगेंगे।

इसके बाद आपको 'कार्ययोजना' निश्चित करनी है। जैसे ज़्यादा पैसे कमाने के लिए कौन से रचनात्मक तरीक़े अपनाने चाहिए ताकि जीवन में समृद्धि आए... रिश्ते बेहतर बनाने के लिए कौन से नए क़दम उठाने चाहिए... समयनियोजन की कला में माहिर बनने के लिए दिनचर्या में कौन से बदलाव लाने चाहिए... आदि। इस तरह से दूसरे हिस्से में 'असंभव' को 'संभव' रूप मिलने लगेगा।

3. इस समस्या को पुल कैसे बनाएँ? फलाँ समस्या को निमित्त बनाकर पार की सोच कैसे लाएँ?

एक इंसान को अपने गाँव से दूसरे गाँव जाने के लिए नदी तैरकर पार करना पड़ता था। उसने रोज़-रोज़ की इस समस्या से निपटने के लिए बहुत सोचा और एक नाव का निर्माण किया, जिसमें बैठकर वह रोज़ नदी पार करने लगा। वह अपनी इस उपलब्धि पर बहुत ख़ुश था। एक अन्य इंसान भी रोज़-रोज़ तैरकर जाने से परेशान था। उसे अपने बाक़ी गाँववालों की परेशानी भी प्रभावित करती थी। उसने भी इस समस्या से निपटने के लिए बहुत सोचा और अपने कुछ दोस्तों की मदद से नदी पर एक लकड़ी का पुल बना दिया। इस तरह से उसने न सिर्फ़ अपनी बल्कि सभी की समस्या को दूर किया। उसने समस्या को ही पुल बना दिया।

तीसरे क़दम पर आपको भी समस्या को पुल बनाना है। जब भी कोई समस्या आई उसके ऐसे समाधान खोजने हैं, जिससे न सिर्फ़ आपका बल्कि अन्य लोगों का भी भला हो। आपको समस्या के अव्यक्तिगत समाधान पर कार्य करना है। इस तरह से आपके व्यक्तिगत कार्य भी सेवा बन जाएँगे। आपका जीवन निःस्वार्थ बनेगा, आप विश्व की उन्नति में सहभागी होंगे।

तीसरे क़दम को एक अन्य उदाहरण से समझें।

तीन युवक बहुत ही कठिनाई से गुज़र रहे थे। उनके जीवन में पैसों का, उचित शिक्षा और सही मार्गदर्शन का अभाव था। उनमें से पहला युवक कठिन हालात से परेशान होकर व्यसनों में उलझ गया। वह अपनी असफलता का दोष दूसरों को, कठिन हालात और दुर्भाग्य को देता रहा। दूसरा युवक हर मुश्किल हालात से संघर्ष करके अपने पैरों पर खड़ा हो गया। इतना ही नहीं बल्कि वह किसी को भी दोषी न ठहराते हुए अथक प्रयास, सद्विचार और आशावादी नज़रिए से एक बड़ी कंपनी का मैनेजर बन गया। तीसरा युवक अपनी समस्या को पुल बनाकर, उसके पार सोच पाया। उसने सोचा – 'क्या सफलता-असफलता के पार ऐसी कोई बात है, जो जानने से इंसान असाधारण संतुष्टि हासिल कर सकता है?' इस सवाल पर

मनन-मंथन करके तीसरे युवक ने सत्य की खोज की और आगे जाकर वह करोड़ों लोगों के जीवन में प्रेम, आनंद, शांति, रचनात्मकता जैसे ईश्वरीय गुण लाने का निमित्त बना।

देखा आपने! जब इंसान स्वयं के अंदर ईश्वरीय गुण लाता है तब पैसों की या प्रतिकूल स्थिति से संघर्ष करने की समस्या अपने आप विलीन हो जाती है। दूसरा सवालाभी सवाल आपको ऐसी ही शक्ति देगा।

अध्याय 19

टॉप पर कौन

तीसरा सवालाभी सवाल

एक इंसान जब ख़ुद को संबोधित करता है तो वह अपने लिए 'मैं' शब्द का प्रयोग करता है, जैसे 'मैंने खाया... मैं यह हूँ... वह हूँ... मैंने यह काम किया...' आदि। इस 'मैं' को ही वह अपना अस्तित्त्व मानता है मगर वह नहीं जानता कि उसके शरीर में एक नहीं बल्कि दो 'मैं' रहते हैं।

एक 'मैं' है उस शरीर का अहंकार, जो उसे स्रोत या परमचेतना से अलग कर, अलग व्यक्ति बनाता है। दूसरा 'मैं' है 'सर्वव्यापी मैं', जो सभी शरीरों में समान है। यह 'सर्वव्यापी मैं' ही परमचैतन्य, स्रोत, सेल्फ़ या ईश्वर कहलाता है। यह हर शरीर में मौजूद है और हरेक के हृदय में निवास करता है।

अब समझनेवाली बात यह है कि जब हम कहते हैं – 'मैंने किया' तो उस समय हम इनमें से किस 'मैं' के लिए कह रहे हैं? अहंकार के लिए या स्रोत के लिए? इसे जानना बहुत आसान है। अहंकार के दुर्गुण हैं – क्रोध, स्वार्थ, लालच, श्रेय (क्रेडिट) लेना, डर, तनाव, अपनी बड़ाई करना, प्रशंसा सुन फूलकर कुप्पा हो जाना, निराशा, चिड़चिड़ाहट...। वहीं दूसरी ओर स्रोत (सर्वव्यापी मैं) के गुण हैं – प्रेम, आनंद, मौन , शांति, करुणा, रचनात्मकता, साहस, निर्भयता...।

अगर हमारे अंदर ईश्वर है तो हमारे अंदर उसके सभी दिव्य गुण भी मौजूद हैं। हम स्वयं भी ईश्वर की तरह ही प्रेम, आनंद, मौन, शांति के सागर हैं। लेकिन हमारे अंदर बैठा 'व्यक्तिगत मैं' यानी अहंकार हमें इन दिव्य गुणों को महसूस करने नहीं देता।

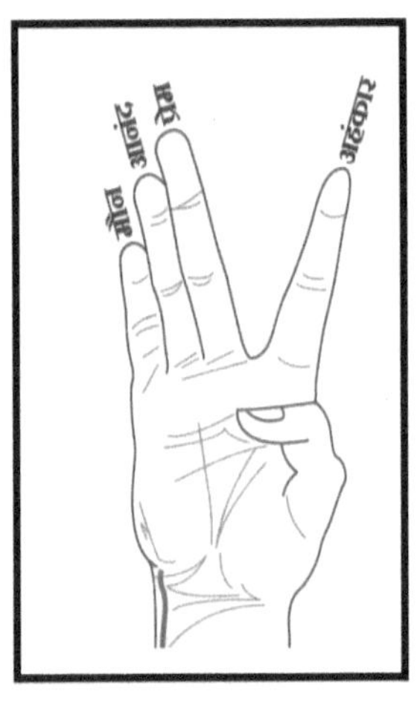

किसी क्षण हमारी अवस्था बताती है कि हम दोनों में से किस 'मैं' के गुणों को अभिव्यक्त कर रहे हैं। किसी घटना से हमें तनाव या क्रोध आया, मन ने चिड़चिड़ की यानी हम अहंकार की अभिव्यक्ति कर रहे हैं। यदि बाहर कितने भी तूफ़ान चल रहे हैं मगर हम स्वयं को भीतर से शांत और स्थिर रख पाएँ तो हम सेल्फ़ की अभिव्यक्ति कर रहे हैं। हम किसकी अभिव्यक्ति करें, यह चुनाव हमारे अपने हाथ में है, बात सिर्फ़ सजगता की है। तीसरा सवाल पूछकर हम ख़ुद को सजग करेंगे कि मैं किसकी तरफ़ हूँ, अहंकार की या ईश्वरीय गुणों की।

इसीलिए आपको स्वयं से तीसरा सवाल पूछना है, '**मेरा चुनाव क्या है – अहंकार या प्रेम, आनंद, मौन?**'

इस सवाल के लिए आप यहाँ दी गई मुद्रा का सहारा ले सकते हैं। मुद्रा में एक उँगली प्रतीक है, 'अहंकार' की और तीन उँगलियाँ जो एक साथ हैं, उसमें पहली उँगली निर्देश करती है, 'प्रेम' की तरफ़, बीच की उँगली 'आनंद' का प्रतीक है और तीसरी 'मौन' यानी 'शांति' का संकेत है।

आइए, अब इनके अर्थ समझते हैं

अहंकार : हमेशा ख़ुद की सोचता है, ख़ुद को कर्ता मानता है, अपने मन की न हो तो चिढ़ता है, क्रोध करता है, निराश होता है। ख़ुद को सबसे आगे रखना चाहता है, स्वार्थी होता है, हमेशा मैं–मैं करता रहता है।

प्रेम : प्रेम निःस्वार्थ होता है। शर्तों, अपेक्षाओं, भेदभाव से परे होता है। सभी से होता है और सभी के लिए समान होता है।

आनंद : दिव्य आनंद हमेशा एक सी और निरंतर बनी रहनेवाली अवस्था है। यह पर-निर्भर नहीं है। अर्थात कुछ मिले या न मिले, मान हो या अपमान, इच्छा पूरी हो या न हो... आनंद की अवस्था पर फ़र्क़ नहीं पड़ता। सच्चा आनंद वह है जो किसी बात से पैदा नहीं होता और किसी बात से चला नहीं जाता। यह हर हाल में निरंतर बना रहता है।

मौन : सामान्यतः मौन का अर्थ लोग चुप रहना समझते हैं मगर मौन का अर्थ यह नहीं है। मौन तब सधता है जब हमारे विचार शांत (मौन) होते हैं। मान लीजिए, आपका बॉस आपको डाँट रहा है। बाहर से आपने मौन धारण किया हुआ है मगर मन में जमकर बड़बड़ चल रही है, बॉस को गालियाँ दे रहे हैं तो आप मौन में नहीं हैं। इसके विपरीत भले ही आप मुँह से कुछ बोल रहे हैं मगर मन एकदम शांत और अकंप है, तब वह मौन की असली स्थिति है। श्रीकृष्ण की महाभारत के युद्ध के दौरान ऐसी ही मौन की स्थिति थी। ध्यान में लोग इसी आंतरिक मौन को पाने का प्रयास करते हैं।

सवाल चुनाव बदलेगा

कई लोग जब कुछ रचना करने बैठते हैं तब ज़्यादा समय वे ये बातें सोचने में लगा देते हैं कि क्या बनेगा... कैसे बनेगा... इससे मुझे क्या फ़ायदा होगा... कितना नाम-पैसा मिलेगा... मैं सबको पीछे छोड़ दूँगा... आदि। इस तरह किसी कार्य की पूर्ति में वे इतना दबाव एवं तनाव पैदा कर देते हैं कि उनके अंदर से झलकनेवाले प्रेम, आनंद, मौन जैसे दिव्य गुण बाज़ू में ही रह जाते हैं।

इसीलिए कोई नया कार्य करते वक़्त, प्रतिसाद देते वक़्त, कोई महत्त्वपूर्ण निर्णय लेते वक्त स्वयं से तीसरा सवाल ज़रूर पूछें, '**अहंकार या प्रेम, आनंद, मौन?**' दिनभर में कुछ बातें आपके मनमुताबिक़ नहीं होंगी। जैसे : समय पर चाय न मिलना, नाश्ते में मनपसंद डिश न होना, किसी का समय पर न आना, क्रोध के कारण उग्र प्रतिसाद देने का मन करना, बॉस से डाँट पड़ना आदि। ऐसी हर दुःखद घटना में स्वयं से पूछें – 'अब मैं जो भी करने जा रहा हूँ, वह अहंकार से या प्रेम, आनंद, मौन से?'

इसी तरह जब अख़बार देर से आए और आपका धीरज खोता जाए तब कहना अख़बार के ऊपर कौन? प्रेम, आनंद, मौन।

जब समय पर न मिले चाय या कॉफ़ी और बेचैनी पहनाए आपको टोपी तब कहना चाय के ऊपर कौन? प्रेम, आनंद, मौन।

यह करना मुश्किल नहीं है, बशर्ते आप अपने जीवन में शांति का महत्त्व समझ लें तो। जब तक जीवन है, रोज़मर्रा के ज़िंदगी में कुछ न कुछ ऐसी घटनाएँ होती ही रहेंगी, जहाँ अहंकार अपना सिर उठाएगा, आपकी शांति को चुनौती देगा। यदि आपने शांति का महत्त्व समझा है, उसका स्वाद चखा है तो आप किसी क़ीमत पर उसे खोना नहीं चाहेंगे। तो सबसे पहले स्वयं से वादा करें – 'चाहे कुछ भी हो जाए मैं अपनी शांति भंग नहीं होने दूँगा।' यह मेरे जीवन की सर्वोच्च प्राथमिकता है।

किसी ने आप पर ऐसा इल्ज़ाम लगाया जो आपने किया ही नहीं तो आपको कैसा गुस्सा आएगा? 'मुझे झूठा बोलता है, मुझ पर इल्ज़ाम लगाता है, मैं इतना करता हूँ, मैं उतना करता हूँ और यह मुझे ऐसा बोलता है...' ऐसे में आप कहेंगे – 'क्रोध के ऊपर कौन? प्रेम, आनंद, मौन...।'

अथवा जब जागे अहंकार या नफ़रत के विचार घेरे तब ख़ुद से सवाल करें – सबसे ऊपर कौन है? प्रेम, आनंद, मौन।

कभी ऐसा हो जाए कि आपने अच्छा काम किया मगर सामनेवाले ने आपकी तारीफ़ ही नहीं की। ऐसे में मन बड़बड़ करेगा – 'थोड़ा भी ग़लत हुआ तो तुरंत बोलता है यह ग़लत किया, यह ग़लत किया। अरे! जब

इतना अच्छा किया तो कुछ नहीं बोला... ।' तो समझ लीजिए अहंकार को क्रेडिट चाहिए मगर आपको ध्यान रहे कि आपका चुनाव प्रेम, आनंद, मौन है। इसलिए आप शांत रहेंगे, अहंकार की सेवा नहीं करेंगे और बार-बार कहेंगे – 'क्रेडिट के ऊपर कौन...? प्रेम, आनंद, मौन...'

यह सवालाभी सवाल आपके अंदर जागृति लाएगा। जहाँ-जहाँ संभव है, वहाँ स्वयं से यह सवाल ज़रूर पूछें – 'सबसे ऊपर कौन? प्रेम, आनंद, मौन... ।'

'प्रेम, आनंद, मौन' की धुन आपकी सोच का हिस्सा बन जाए, यह चुनाव सर्वोपरि रहे। कुछ ही दिनों में आप महसूस करेंगे कि अब आपके जीवन में सहजता, सरलता और मिठास आ चुकी है। आप पहले से अधिक शांत और आनंदित रहने लगे हैं। आपका यह बदला हुआ व्यवहार दूसरे लोगों पर भी सकारात्मक प्रभाव डालेगा। आपकी शांति उन तक भी पहुँचेगी। इस तरह जब आप दूसरों में भी प्रेम, मौन, आनंद प्रसारित करने के लिए निमित्त बनेंगे तब आपसे स्वतः ही निकलेगा –

स्वादिष्ट न लगे जब तुम्हें खाना

तब खुश होकर भजन ही गाना

श्रद्धा भक्ति के भाव है जगाना

प्रसाद समझकर भोजन को खाना

और कहना ...

'भोजन के ऊपर कौन? प्रेम, आनंद, मौन।

'सबसे ऊपर कौन? प्रेम, आनंद, मौन।'

अध्याय 20

क्या मैं पूर्व अवस्था में हूँ

चौथा सवालाभी सवाल

कई बार कुछ देख-सुनकर हमारे मन में नकारात्मक विचार आने लगते हैं या जीवन में ऐसी समस्याएँ आती हैं, जिनकी वजह से हमारा मन कंपित होने लगता है। किसी का फ़ोन आया, न्यूज़ सुनी कि 'फलाँ इंसान की हार्ट अटैक से मौत हो गई...।' बस, बैठे-बैठे हमारे नकारात्मक विचार शुरू हो जाते हैं। हमें लगता है – 'कहीं मेरे साथ ऐसा तो नहीं होगा, वैसा तो नहीं होगा... मुझे फलाँ बीमारी तो नहीं होगी...।' सोच-सोचकर इंसान वाक़ई अपना ब्लड प्रेशर बढ़ा लेता है।

किसी का बुरा देख-सुनकर हम कल्पनाएँ करने लगते हैं कि हमारे साथ ऐसा हुआ तो क्या होगा? ऐसे विचारों के साथ हम डर, असुरक्षा, चिंता, निराशा जैसी नकारात्मक भावनाओं के शिकंजे में अटक जाते हैं। हम स्वयं को मायूस और ऊर्जाहीन महसूस करने लगते हैं। ऐसे वक़्त में आपको स्वयं से चौथा सवालाखी सवाल पूछना है – **'यह विचार आने से पहले मेरी मानसिक अवस्था कैसी थी और कुछ साल बाद कैसी होगी?'**

खुद से सवाल पूछें – 'फ़ोनकॉल आने के पहले मैं कैसा महसूस कर रहा था... कैसे आराम से बैठा हुआ था... अचानक क्या हुआ... मेरे साथ तो कुछ नहीं हुआ... फिर मेरी स्थिति क्यों बदली? यह विचार आने से पहले मैं कैसा था, क्या अभी वैसा हो सकता हूँ?'

ज़ाहिर है, कोई ताज़ी बुरी ख़बर हमारे मस्तिष्क पर गहरा प्रभाव छोड़ती है मगर समय के साथ वह धुँधली पड़ जाती है। बाद में हमें वह याद भी नहीं रहती, न ही उससे दुःख पैदा होता है तो वर्तमान के ऐसे दुःखद विचारों के साथ इस तकनीक का ज़रूर उपयोग करें। स्वयं से पूछें – 'यह दुःखद विचार आने से पहले मेरी अवस्था (पूर्व अवस्था) कैसी थी?' आपको यही जवाब मिलेगा कि जब तक दुःखद विचार नहीं आया था तब तक दुःख नहीं हुआ था। विचार आने से दुःख तुरंत शुरू होता है। इस बात को एक उदाहरण से समझें।

एक इंसान का विदेश में रहनेवाला रिश्तेदार गुज़र गया और यह ख़बर उस इंसान तक पहुँची ही नहीं। जब तक कोई यह ख़बर उस तक पहुँचाता, उसके पहले ही उस इंसान की मृत्यु हो गई। इसका अर्थ उस इंसान ने अपने जीवन में उस रिश्तेदार के गुज़र जाने का दुःख भोगा ही नहीं। हालाँकि उसके जीवन में वह दुःख आया था मगर उसने नहीं भोगा क्योंकि उसे विचार ही नहीं मिला।

इसका अर्थ है कि विचार ही दुःख लाते हैं। इसलिए जब भी दुःख के विचार आपको सताएँ तब स्वयं से पूछें – 'इस विचार से पहले मेरी अवस्था कैसी थी और कुछ साल बाद कैसी होगी?'

जीवन में ऐसी कितनी सारी घटनाएँ होती हैं, जिनकी वजह से हम ज़रूरत से ज़्यादा तनाव पाल लेते हैं। उस समय इंसान को लगता है जैसे ये समस्याएँ कभी ख़त्म ही नहीं होंगी। मगर कुछ दिनों के बाद या कुछ सालों बाद इंसान कहता है – 'आज मैं उस समस्या से मुक्त हूँ... मैं उस

वक़्त ज़रूरत से ज़्यादा परेशान हो रहा था... मैंने भूतकाल में जिन दुःखों को बहुत बड़ा समझा था, वे तो साधारण थे!' कुछ लोग तो अपनी इस ग़लती को याद करके हँसते भी हैं। यहाँ तक कि उन संघर्ष के दिनों को वे बड़े गर्व से याद करते हैं।

एक विद्यार्थी अपनी पढ़ाई को और परिक्षाओं के लेकर कितने तनाव में रहता है। उसे वे दिन बड़े बुरे लगते हैं, जब उसे दिन-रात पढ़ना पड़ता है। मगर कुछ सालों बाद जब वह उस दौर से निकलकर अपने करियर में सैटल हो जाता है तब उन्हीं तनाव के दिनोंवाली कॉलेज लाइफ़ को याद कर कहता है – 'आह! वे भी क्या दिन थे... वे मेरे जीवन के बेहतरीन साल थे..।' फ़िल्म सेलिब्रेटी अकसर अपने इंटरव्यू में बताते हैं – 'उन्होंने कैसे-कैसे अभावों में दिन गुज़ारे... कभी वे फुटपाथ पर सोए... कभी उन्हें खाना नहीं मिला...। इतनी परेशानियों से गुज़रकर वे आज जब इस मुकाम पर पहुँचे तो उन्हें उन दिनों को याद करके बड़ा गर्व महसूस होता है कि वे ऐसे कठिन समय में भी टूटे नहीं बल्कि मज़बूत होकर और निखरे।

मुसीबतें, समस्याएँ इंसान को तपाकर और निखारती है। उसे मज़बूत बनाती है, उसका विकास कर अनुभव बढ़ाती है। कितना अच्छा हो यदि इंसान मुसीबतों और समस्याओं को इसी दृष्टि से देखने लगे कि 'ये मेरा विकास करने आई हैं, मुझे सफलता के नए मुकाम पर बैठाने आई हैं।' हालाँकि इंसान कुछ सालों बाद स्पष्ट देख पाता है कि किस समस्या ने उसका कितना भला किया मगर जब वे चल रही होती हैं तब वह ऐसा नहीं सोच पाता। इसलिए याद रखें – **जो बात आप कुछ सालों के बाद कहनेवाले हैं, वह आज ही कहें।**

घर में छोटी-छोटी बातें होती हैं। जैसे रोटी जल गई और गृहिणी दुःखी हो रही है कि मुझे ही जली हुई रोटी खानी पड़ रही है क्योंकि कोई दूसरी रोटी बची नहीं, वही एक नसीब में आई...। ऐसे में वह स्वयं से पूछें – 'कुछ साल बाद इस रोटी के जलने पर मैं क्या सोचूँगी? क्या तब भी एक जली रोटी की बात सोचकर दुःखी होऊँगी...?' जवाब आएगा – 'नहीं।'

कार नहीं ख़रीद पा रहे हैं, बारिश में, कीचड़ में जाना पड़ता है। आज मन में बड़बड़ हो रही है पर कल अपनी कार में बैठकर बाहर गिरती बारिश देखकर कहेंगे – 'वे भी क्या दिन थे... ऐसे हम फुटपाथ पर चलते थे... ऐसी बारिश गिरती थी... हम ऐसे छिपते थे... ऐसे ख़ुद को बचाते थे... तब आपको बारिश में भीगने की यादें आनंद देंगी, तनाव नहीं...।'

कहने का अर्थ – जो आप आगे चलकर कहनेवाले हैं, उसे आज ही कहने की आदत डालें। समस्या में, दुःख में स्वयं से चौथा सवालाखी सवाल पूछें। तनाव की पूर्व अवस्था में जाएँ। अपनी ख़ुशी को वापस बुलाएँ, अपने रेडियो को दिव्य तरंग के साथ ट्यून करें। इस तरह बीच की तनाववाली अवस्था स्वयं ही ग़ायब हो जाएगी।

अध्याय 21

बीज बोएँ या भीख

पाँचवाँ सवालाभी सवाल

एक अनार में कितने बीज हैं, यह तो आप देख सकते हैं। परंतु आप कभी भी यह नहीं जान सकते कि एक बीज में कितने अनार हैं। अर्थात जो बीज आप बोते हैं, उनमें से जो फल निकलते हैं, वे कई गुना बढ़कर बीज देते हैं। कुदरत का नियम है कि वह आपको हर बीज का फल कई गुना बढ़ाकर वापस देती है, फिर चाहे वह बुराई का बीज हो या अच्छाई का। इसलिए अपने विचारों के प्रति हमेशा सचेत रहें क्योंकि आपका हर विचार एक बीज स्वरूप है।

कुदरत यह तय नहीं करती कि आप किस चीज़ के क़ाबिल हैं बल्कि आप उसे जो देते हैं, वह केवल उस चीज़ को लेती है और आपको ही अधिक मात्रा में वापस देती है क्योंकि कुदरत 'गुणक' (मल्टिप्लायर) है। यदि आप कुदरत को अच्छाई, प्रेम और विश्वास के बीज देंगे तो आप अनुभव करेंगे कि पूरा विश्व आपको अच्छाई, प्रेम और विश्वास दे रहा है, वह भी कई गुना बढ़ाकर। उसी तरह यदि आप कुदरत को नफ़रत, द्वेष, घृणा देंगे तो वह उन्हें भी आपको लौटाएगी, वह भी कई गुना बढ़ाकर।

गुनगुनाकर बीज बोएँ या कुनकुन करके भीख?

कुदरत का भरपूरता का नियम जिसे पता है, वह गुनगुनाते हुए मज़े-मज़े में अच्छे बीज डालता है। वह जानता है कि उसके जीवन में जो भी लेन-देन

हो रहा है वह केवल कुदरत से है। हम जो भी दे रहे हैं, वह कुदरत को दे रहे हैं। जो भी हमें मिल रहा है, असल में स्रोत से ही मिल रहा है। हालाँकि वह किसी माध्यम के द्वारा हम तक पहुँच रहा है। हमें किसी चीज़ के लिए कुनकुन करते हुए (चिढ़ते हुए) भीख माँगने की ज़रूरत नहीं है, सिर्फ़ अच्छे बीज डालने की ज़रूरत है।

अच्छे विश्वास बीज डालने के लिए अपना जीवन सेवा बना लें। जो भी काम करें स्रोत (हृदय) से ही करें। मन में यह अहंकार न हो कि आप किसी दूसरे के लिए कुछ कर रहे हैं। किसी की मदद की, किसी के काम आए, बिना कोई अपेक्षा रखे किसी के लिए कुछ किया तो आपने अपना उत्तम विश्वास बीज डाला। किसी को नेक सलाह देना, किसी की बात सुनना, किसी के लिए निःस्वार्थ भाव से कुछ कार्य करना... ये सभी बढ़िया बीज हैं। यदि आप चाहते हैं कि आपके जीवन में भरपूर पैसा आए तो लोगों की पैसा कमाने में मदद करें। यह विश्वास बीज आपको मल्टिप्लाय

होकर फसल देगा। कुदरत में वे ही विश्वास बीज बोएँ, जो आप अपने जीवन में अधिक मात्रा में देखना चाहते हैं।

अज्ञानवश लोग नकारात्मक विश्वास बीज बोकर भीख माँगते हैं और अपने ही पैरों पर कुल्हाड़ी मारते हैं। अकसर लोग शिकायतों से भरा जीवन जीते हैं। वे अपनी असफलता का दोष अपने रिश्तेदारों, सहकर्मियों, मित्रों पर मढ़ते रहते हैं। वास्तव में ऐसा करके वे ग़लत विश्वास बीज बो रहे हैं। जिसके परिणामस्वरूप उनके जीवन में दुःख, बीमारियाँ और परेशानियाँ ही आती हैं। इसे कहते हैं कुनकुन करते हुए भीख माँगना...। मगर कुदरत भीख

नहीं देती, वह वही देती है जो आप बोते हैं।

आइए, अब जानें कि आपका विश्वास बीज कैसा है? नीचे दी गई बातों पर आप कितना विश्वास रखते हैं?

'जीवन मुझे अच्छी तरह से रहने देना नहीं चाहता... अच्छे हालात हमेशा नहीं रह सकते... मेरे लिए सफल होना कठिन है... मैं कभी जीत नहीं सकता... मुझे कोई प्यार नहीं करता ... मैं प्यार के क़ाबिल नहीं हूँ... मेरे साथ वही होगा, जो मेरे माँ-बाप के साथ हुआ है... मुझे सीखने में ज़्यादा समय लगता है, सीखना मुश्किल है... बीमारी तो मेरे ख़ून में है... मेरा जन्म दूसरों के अत्याचार सहने के लिए हुआ है... मैं हमेशा मौसम का शिकार रहता हूँ... पैसा मेरे पास जल्दी आता नहीं, आता है तो टिकता नहीं... ।'

अगर ऊपर दी गई बातें आपके अंदर चलती रहती हैं तो इसका मतलब है आप ग़लत विश्वास बीज बो रहे हैं। ऐसे वक़्त में पाँचवें सवाल के साथ आप स्वयं से बीच-बीच में पूछते रहें, **'मैं गुनगुनाते हुए कौन सा विश्वास बीज बोऊँ ताकि जीवन में प्रेम, आनंद, शांति और समृद्धि की बहार आए?'** यह सवाल पूछते ही आपके सामने विश्वास बीज बोने के नए विकल्प खुल सकते हैं। जैसे – किसी को प्रेम, पैसा, मदद, समय देना, किसी ज़रूरतमंद को मदद करना। मगर यह करते वक़्त एक मुख्य समझ रखें – 'मैं यह विश्वास बीज किसी व्यक्ति को नहीं बल्कि कुदरत (ईश्वर) को दे रहा हूँ। कुदरत स्वयं एक गुणक (मल्टिप्लायर) है, जो बोए गए बीज को गुणाकार करके मुझे लौटाती है।

अपना बेस्ट बीज के रूप में डालें

हर इंसान में कोई न कोई ख़ूबी होती है। किसी के पास समय है... कोई शारीरिक रूप से अधिक श्रम कर सकता है... कोई दूसरों को अच्छी तरह समझा सकता है... कोई अच्छे से पढ़ा सकता है... कोई लिख सकता है... कोई गाकर प्रेरणा जगा सकता है। आपकी जो भी बेस्ट क्वालिटी है उसे निःस्वार्थ सेवा में लगाएँ... वह आपकी तरफ़ से कुदरत को दिया गया बेस्ट बीज होगा।

कई लोगों की आदत होती है कि वे वह चीज़ दूसरों को देंगे, जो उनके लिए बिलकुल बेकार होती है। किसी को गिफ़्ट देंगे तो ऐसा कि दूसरा इंसान उसे प्रयोग भी न कर सके। अगर कपड़े भी दान करने हैं तो बिलकुल बेकार...फटे-पुराने... यहाँ तक कि मंदिर में भगवान पर वे ही फल चढ़ाएँगे, जो उनके खाने लायक़ न रह गए हों...। यदि ऐसा है तो समझ रहें कि आप कुदरत को कैसे बीज दे रहे हैं और फिर वापस क्या मिलेगा? जब मिलेगा तो क्या उसे लेने की तैयारी है या कुनकुन करने लगेंगे, रोने लगेंगे...। बुरी फसल काटते वक़्त इंसान को याद नहीं रहता कि मैंने कैसे बीज बोए थे।

अच्छे बीजों की जब फसल आएगी तो आप देखेंगे जो काम अटके हुए थे, वे होने लग गए। समय की कमी थी पर आजकल मिलने लग गया। किसी काम के लिए जो-जो संसाधन (रिसोर्स) चाहिए थे, सब ख़ुद-ब-ख़ुद जमा होने लगे। जिसकी आपको ज़रूरत है, वह धीरे-धीरे सहजता से आपके पास आता जा रहा है...। जब ऐसी फसल आने लगे तो याद रखें कि इस फसल के एक हिस्से से वापस नए उत्तम बीज बोने हैं।

पैसा आने लगा है तो उसका कुछ भाग सेवा में लगाएँ, ज्ञान मिल रहा है तो उसे बाँटें... अपना स्वास्थ्य अच्छा होने लगा तो दूसरों की सेहत सुधारने में भी मदद करें। ऐसे विश्वास बीज पुनः कई गुना होकर आपके जीवन में उत्तम फसल लाएँगे। अगर कुदरत का यह खेल आपको एक बार समझ में आ गया तो फिर आप कभी देने से रुकनेवाले नहीं हैं। आप बेस्ट बोते जाएँगे और पाते जाएँगे, नई-नई बढ़िया फसल आती जाएगी। आप मज़े से यह खेल देखेंगे।

अध्याय 22

कथा किसकी

छठा सवालाभी सवाल

छठा सवाल पढ़कर आपको थोड़ा अटपटा लगा होगा कि यहाँ किस कथा की बात हो रही है, हमारे साथ कौन सी कथा चल रही है...? इस सवाल को समझने के लिए आइए, एक घटना को समझते हैं।

मान लीजिए, एक इंसान रंगमंच पर खेले जा रहे नाटक में एक किरदार अदा कर रहा है। उस नाटक में एक ऐसा दृश्य है, जिसमें उसकी मृत्यु हो जाती है और उसके बाद भी उसे एक लाश बनकर स्टेज पर ही लेटे रहना है। उसके आस–पास बाक़ी के किरदार अपना अभिनय करते रहेंगे, जैसे उसकी मौत की छान–बीन होगी, कुछ किरदार रोएँगे – 'हाय तुम हमें छोड़कर क्यों चले गए...' कुछ किरदार कभी उस लाश को सोफ़े के पीछे छिपाएँगे... कभी कहीं और... तो इस तरह से घटनाक्रम चलते रहेंगे और वह इंसान लाश बनकर लेटा रहेगा।

उस नाटक की पूरी कथा उस इंसान को भी मालूम नहीं है। उसे डायरेक्टर ने बस इतना बताया है कि 'फलाँ सीन के बाद तुम्हारी इतनी उम्र हो जाएगी, फिर तुम्हें लाश का रोल करना है...' और वह वही कर रहा है। उसके लाश बनने के बाद भी नाटक जारी है। इस तरह हर कोई अपना किरदार निभा रहा है और वह इंसान भी...।

अब समझनेवाली बात यह है कि नाटक में कौन लाश बना है, वह किसकी कथा चल रही है? क्या वह उस इंसान की कथा है? जब उससे

पूछा गया तो उसने जवाब दिया – 'नहीं, वह मेरी कथा नहीं है, वह तो नाटक में मेरे किरदार की कथा है।' उससे फिर पूछा गया – 'फिर आपकी कथा क्या है?' इस पर उसने जो कथा बताई वह कुछ इस प्रकार थी – 'मेरा जन्म फलाँ शहर में फलाँ तारीख़ को हुआ... मेरे माता-पिता का नाम फलाँ-फलाँ है... मैं यह करता हूँ... मैं इस पोस्ट पर हूँ... मेरी शादी हो गई है...अब मेरे दो बच्चे हैं, जो फलाँ स्कूल में पढ़ते हैं...' इस तरह उसने अब तक की आपबीती पूरी कथा सुना डाली।

आपकी कथा किसकी है

जो कथा उस इंसान ने सुनाई क्या वाक़ई वह उसकी कथा है या वह भी किसी किरदार की कथा है, जिसे वह केवल निभा रहा है? आइए, अब इस बात को अधिक गहराई से समझते हैं।

सत्य तो यह है कि पूरा संसार एक विशाल रंगमंच की तरह ही है। जहाँ पर अलग-अलग शरीर अपना-अपना किरदार निभा रहे हैं। हर किरदार (शरीर) अपनी एक कथा के अनुसार चल रहा है। उसकी कथा में कुछ और किरदार भी कभी जुड़ते हैं, कभी हट जाते हैं। जिस तरह स्टेज के नाटक की कथा उस इंसान की अपनी कथा नहीं थी, वैसे ही इस संसार में चल रही उसके किरदार (शरीर) की कथा उसकी अपनी नहीं है। वह उस शरीर की कथा है, जो शरीर की मृत्यु के साथ भी ख़त्म नहीं होगी।

हाँ, उसके स्थूल शरीर की मृत्यु के बाद इस संसार के लोग अवश्य ऐसा समझेंगे कि उसकी कथा समाप्त हो गई क्योंकि उन्हें वह किरदार दिखना बंद हो जाएगा। मगर वह कथा स्थूल

शरीर की मृत्यु के बाद भी सूक्ष्म शरीर के साथ सूक्ष्म जगत (पार्ट टू , मृत्यु उपरांत जीवन) में जारी रहेगी।

स्थूल शरीर खत्म होने के बाद भी जब तक सूक्ष्म शरीर में अहंकार (अलग मैं का भाव) बना रहता है, उसकी अधूरी कथा चलती रहती है। हक़ीक़त में इंसान की कथा तब पूरी होती है जब ज्ञान मिलने पर उसके अंदर का अहंकार समाप्त होता है। उसे पता चल जाता है कि वह शरीर नहीं है, वास्तव में वह सेल्फ़ ही है। सेल्फ़ ही अलग-अलग शरीरों के माध्यम से अलग-अलग किरदार निभा रहा है। इस तरह से जो भी भूमिकाएँ हैं, सभी सेल्फ़ की ही हैं।

झूठी कथा क्यों सच्ची लगती है?

सवाल यह है कि यदि कथा हमारी नहीं है तो क्यों अपनी लगती है? इसका कारण यह है कि किरदार निभाते-निभाते इंसान भूल ही जाता है कि वह मात्र अभिनेता है। मान लीजिए, एक नाटक बहुत लंबा है। उसमें एक बच्चा तब से किरदार में है जबसे उसने होश भी नहीं संभाला था। उसके माता-पिता अन्य नाते-रिश्तेदार सभी उस नाटक में हैं और अपनी भूमिका इतनी गंभीरता से निभा रहे हैं कि उनको भी याद नहीं है कि वे मात्र अभिनय कर रहे हैं।

अब जब बच्चा अपने चारों ओर ऐसे ही शरीरों को देख रहा है, जो नाटक को अपनी कहानी मानकर जी रहे हैं तो निश्चित ही वह भी ऐसा ही करेगा। उसके मन में भी कभी सवाल नहीं उठेगा कि वास्तव में वह कौन है और स्टेज पर यह किसकी कथा चल रही है? वह कभी कथा से बाहर के जीवन के बारे में सोचेगा भी नहीं। ऐसे में मन में सवाल उठना, अपनी वास्तविक पहचान के प्रति जागृति आना, यह वास्तव में इंसान के ऊपर हो सकनेवाली सबसे बड़ी ईश्वरीय कृपा है।

आपकी कथा हमेशा से पूरी है

जब आप शरीर नहीं हैं तो शरीर के साथ चल रही कथा आपकी कैसे

हुई? आप जो हैं (सेल्फ़) उसकी कथा पूर्ण है क्योंकि वह पूर्ण है, न उसमें कुछ जोड़ा जा सकता है, न ही उसमें से कुछ घटाया जा सकता है तो अब इस समझ को जीवन में उतारने से क्या लाभ होगा? आपका उस कथा से आसक्ति टूटेगी, जिसे आप अपनी मानकर जी रहे थे। जिसे अपने हिसाब से चलाने के चक्कर में आपने अनगिनत तनाव और दुःख पालकर रखे थे। समझ मिलने पर और उस कथा से चिपकाव टूटने के बाद उससे जुड़े दुःख-दर्द, चिंता, तनाव, सभी ग़ायब हो जाएँगे।

जैसे एक अच्छे अभिनेता को इस बात का व्यक्तिगत रूप से फ़र्क़ नहीं पड़ता कि उसके किरदार के साथ क्या घटित हो रहा है, वह अपनी हर भूमि का आनंद के साथ निभाता है। वैसे ही आप भी अपने सांसारिक किरदार से बिना चिपके, आनंद के साथ सिर्फ़ अपनी भूमिका निभाते जाएँगे।

अब इस नई समझ के साथ अपने शरीर की कथा को दोबारा देखें, वहाँ ऐसा क्या हुआ, क्या नहीं हुआ... क्या-क्या होना बाक़ी है, जो आपको दुःख और तनाव दे रहा है? परीक्षा का परिणाम आना है, प्रमोशन होना है, बच्चों की शादी करनी है...' जिस जगह भी चिपकाव महसूस हुआ, दुःख आया, चिंता हुई तब ख़ुद से छठा सवाल पूछें, **'आपकी कथा तो पूरी है फिर आपके साथ यह कौन सी अधूरी कथा चल रही है, जो आपको दुःख दे रही है?** यह सवालाखी सवाल आपको जाग्रत कर, शरीर की कथा से मुक्त करेगा। यही असली मुक्ति है। जीवन के साथ फ़्री-फ्लो में बहना, बिना चिपकाव के मुक्त होकर सहज मन से कार्य करना... इसी को मुक्त भाव से जीवन जीना कहते हैं।

अध्याय 23

वी.आई.पी. या ज़ेड.आय.पी.

सातवाँ सवालाभी सवाल

छठे सवालाभी सवाल पर अगर आपका भरपूर मनन हुआ है और वह जीवन में उतरा है तो इसके बाद पूछने के लिए कोई सवाल नहीं बचता। जैसे ही इंसान के शरीर के साथ चल रही कहानी पूरी होती है, उसके सवाल भी पूरे हो जाते हैं। फिर मात्र एक अवस्था शेष रह जाती है – 'ज़िप।' 'ज़िप' यानी 'मुँह बंद'। इस 'ज़िप' से इंसान का मुँह बंद नहीं होता बल्कि उसके तोलूमन का मुँह बंद होता है, जो बात–बात पर सवाल उठाता है, तर्क लड़ाता है, तुलना और शक करता है...। तोलूमन का मुँह बंद होते ही सहज मन अपना कार्य करना शुरू कर देता है। फिर वह शरीर ईश्वर की अभिव्यक्ति का माध्यम बन जाता है।

'ज़िप' की स्पेलिंग है 'ज़ेड.आय.पी.'। एक 'वी.आय.पी.' होता है, जिसका अर्थ होता है 'वेरी इम्पॉर्टेंट पर्सन' यानी 'अति महत्त्वपूर्ण व्यक्ति'। माया के जगत में लोगों में 'वी.आय.पी.' बनने की होड़ लगी रहती है क्योंकि माया में व्यक्ति (अहंकार) सेल्फ़ से अधिक महत्त्वपूर्ण होता है। वहाँ व्यक्ति की संतुष्टि के लिए ही सारा खेल चलता रहता है। लेकिन अध्यात्म में इंसान का लक्ष्य 'वी.आय.पी.' बनना नहीं बल्कि 'ज़ेड. आय. पी.' बनना होता है।

'ज़ेड. आय. पी.' (ज़िप) का अर्थ है– 'ज़ीरो इम्पॉर्टेंट पर्सन।' अर्थात एक ऐसा शरीर जिसमें व्यक्ति (अहंकार) को ज़ीरो प्रतिशत महत्त्व दिया गया

है। पूरा ध्यान सेल्फ़ पर ही है। उस शरीर द्वारा जो भी जीवन जिया जा रहा है, जो भी निर्णय लिए जा रहे हैं, सब सहज मन से सेल्फ़ के द्वारा ही हो रहा है।

सातवें सवाल में हमें ख़ुद को चेक करना है कि क्या हम 'ज़ीरो इम्पॉर्टेंट पर्सन' बने हैं, क्या हमारा तोलूमन चुप हुआ है या अभी भी हमारे शरीर से व्यक्ति की ही अभिव्यक्ति चल रही है? यदि 'ज़ीरो इम्पॉर्टेंट पर्सन' नहीं बने हैं तो हमें वापस पहले सवालाभी सवाल पर जाना है और वहीं से यात्रा आरंभ करनी है। अपने रेडियो को दिव्य तरंग के साथ ज़्यादा से ज़्यादा ट्यून रखना है। प्रेम, आनंद, मौन को जीवन में सर्वोपरि प्राथमिकता देनी है। गुनगुनाते हुए श्रेष्ठ विश्वास बीज बोने हैं ताकि जीवन उच्चतम अवस्था तक जाए।

इसी के साथ एक और सवाल पर भरपूर मनन करें कि हमारे शरीर के साथ किसकी कथा चल रही है?

यदि सभी सवालों पर सहजता से कार्य हुए तो सातवाँ सवाल ख़ुद ही अपना जवाब बनेगा और आप 'जिप' की अवस्था का आनंद लेंगे। आइए, इसी अवस्था को हम एक ध्यान के द्वारा महसूस करेंगे।

'हूँ' ध्यान

आँखें बंद करें और सहज आसन में बैठकर सामान्य साँस लेते रहें।

पहले 'कौन हूँ मैं' का धीरे-धीरे जाप करें। 'कौन हूँ मैं... कौन हूँ मैं... कौन हूँ मैं... कौन हूँ मैं... कौन हूँ मैं... कौन हूँ मैं... कौन हूँ मैं... कौन हूँ मैं... कौन हूँ मैं...।' अपनी पहचान तलाशने की कोशिश करें। जो भी याद आए नाम, जाति, पद – टीचर, डॉक्टर, व्यापारी, गृहिणी, रिश्ते

जैसे : पिता, पति, भाई, स्त्री-पुरुष सबको निकल जाने दें...।

जब शरीर से जुड़ा ऐसी कोई पहचान न बचे तो 'कौन हूँ मैं' से 'कौन' शब्द हटा दें। 'हूँ मैं... हूँ मैं... हूँ मैं... हूँ मैं... हूँ मैं... हूँ मैं... हूँ मैं... हूँ मैं... हूँ मैं... हूँ मैं... हूँ मैं... हूँ मैं... हूँ मैं...' के साथ ध्यान चलता रहे... जाप चलता रहे...।

इसके बाद 'हूँ मैं' से 'मैं' शब्द भी काट दें। अब अलग 'मैं' नहीं बचा सिर्फ़ 'हूँ' के साथ जाप चलता रहे... 'हूँ... हूँ...' दोहराते रहें। फिर धीरे-धीरे शांत हो जाएँ।

इस ध्यान में आप महसूस करेंगे कि आहा! (अपने होने का एहसास) में रहते हुए आप स्वयं को जान रहे हैं। ज़ीरो इम्पॉर्टेंट पर्सन की अवस्था पर पहुँचे हैं, जहाँ कोई 'मैं' नहीं है। बस 'हूँ' की अवस्था में, समर्पण की अवस्था में हैं।

अब धीरे-धीरे अपनी आँखें खोलें। आँख खोलकर भी 'हूँ' के अनुभव पर रहते हुए, ज़ीरो इम्पॉर्टेंट पर्सन बनकर आगे के कार्य करें।

◼ ◼ ◼

यह पुस्तक पढ़ने के बाद आप अपने अभिप्राय (विचार सेवा) इस पते पर भेज सकते हैं :

Tejgyan Foundation, Pimpri Colony Post office, P.O. Box 25, Pune - 411 017. Maharashtra (India).

परिशिष्ट

सरश्री – अल्प परिचय

स्वीकार मंत्र मुद्रा

सरश्री की आध्यात्मिक खोज का सफ़र उनके बचपन से प्रारंभ हो गया था। इस खोज के दौरान उन्होंने अनेक प्रकार की पुस्तकों का अध्ययन किया। इसके साथ ही अपने आध्यात्मिक अनुसंधान के दौरान अनेक ध्यान पद्धतियों का अभ्यास किया। उनकी इसी खोज ने उन्हें कई वैचारिक और शैक्षणिक संस्थानों की ओर बढ़ाया। इसके बावजूद भी वे अंतिम सत्य से दूर रहे।

उन्होंने अपने तत्कालीन अध्यापन कार्य को भी विराम लगाया ताकि वे अपना अधिक से अधिक समय सत्य की खोज में लगा सकें। जीवन का रहस्य समझने के लिए उन्होंने एक लंबी अवधि तक मनन करते हुए अपनी खोज ज़ारी रखी। जिसके अंत में उन्हें आत्मबोध प्राप्त हुआ। आत्मसाक्षात्कार के बाद उन्होंने जाना कि अध्यात्म का हर मार्ग जिस कड़ी से जुड़ा है वह है – समझ (अंडरस्टैण्डिंग)।

सरश्री कहते हैं कि 'सत्य के सभी मार्गों की शुरुआत अलग–अलग प्रकार से होती है लेकिन सभी के अंत में एक ही समझ प्राप्त होती है। 'समझ' ही सब कुछ है और यह 'समझ' अपने आपमें पूर्ण है। आध्यात्मिक ज्ञान प्राप्ति के लिए इस 'समझ' का श्रवण ही पर्याप्त है।'

सरश्री ने दो हज़ार से अधिक प्रवचन दिए हैं और अस्सी से अधिक पुस्तकों की रचना की है। ये पुस्तकें दस से अधिक भाषाओं में अनुवादित की जा चुकी हैं और प्रमुख प्रकाशकों द्वारा प्रकाशित की गई हैं, जैसे : पेंगुइन बुक्स, हे हाउस पब्लिशर्स, जैको बुक्स, हिंद पॉकेट बुक्स, मंजुल पब्लिशिंग हाउस, प्रभात प्रकाशन, राजपाल ऐंड सन्स इत्यादि।

तेजज्ञान फ़ाउण्डेशन - परिचय

तेजज्ञान फ़ाउण्डेशन आत्मविकास से आत्मसाक्षात्कार प्राप्त करने का एक रास्ता है। इसके लिए सरश्री द्वारा एक अनूठी बोध पद्धति (System for Wisdom) का सृजन हुआ है। इस पद्धति को अन्तर्राष्ट्रीय मानक ISO 9001:2008 के आवश्यकताओं एवं निर्देशों के अनुरूप ढालकर सरल, व्यावहारिक एवं प्रभावी बनाया गया है।

इस संस्था की बोध पद्धति के विभिन्न पहलुओं (शिक्षण, निरीक्षण व गुणवत्ता) को स्वतंत्र गुणवत्ता परीक्षकों (Quality Auditors) द्वारा क्रमबद्ध तरीक़े से जाँचा गया। जिसके बाद इन पहलुओं को ISO 9001:2008 के अनुरूप पाकर, इस बोध पद्धति को प्रमाणित किया गया है।

फ़ाउण्डेशन का लक्ष्य आपको नकारात्मक विचार से सकारात्मक विचार की ओर बढ़ाना है। सकारात्मक विचार से शुभ विचार यानी हॅपी थॉट्स (विधायक आनंदपूर्ण विचार) और शुभ विचार से निर्विचार की ओर बढ़ा जा सकता है। निर्विचार से ही आत्मसाक्षात्कार संभव है। शुभ विचार (Happy Thoughts) यानी यह विचार कि 'मैं हर विचार से मुक्त हो जाऊँ।' शुभ इच्छा यानी यह इच्छा कि 'मैं हर इच्छा से मुक्त हो जाऊँ।'

ज्ञान का अर्थ है सामान्य ज्ञान लेकिन तेजज्ञान यानी वह ज्ञान जो ज्ञान व अज्ञान के परे है। कई लोग सामान्य ज्ञान की जानकारी को ही ज्ञान समझ लेते हैं लेकिन असली ज्ञान और जानकारी में बहुत अंतर है। आज लोग सामान्य ज्ञान के जवाबों को ज़्यादा महत्त्व देते हैं। उदाहरण के तौर पर – कर्म और भाग्य, योग और प्राणायाम, स्वर्ग और नर्क इत्यादि। आज के युग में सामान्य ज्ञान प्रदान करनेवाले लोग और शिक्षक कई मिल जाएँगे मगर इस ज्ञान को पाकर जीवन में कोई बड़ा परिवर्तन नहीं होता। यह ज्ञान या तो केवल बुद्धि विलास है या फिर अध्यात्म के नाम पर बुद्धि का व्यायाम है।

सभी समस्याओं का समाधान है तेजज्ञान। भय से मुक्ति, चिंतारहित व क्रोध से आज़ाद जीवन है तेजज्ञान। शारीरिक, मानसिक, सामाजिक, आर्थिक और आध्यात्मिक उन्नति के लिए है तेजज्ञान। तेजज्ञान आपके अंदर है, आएँ और इसे पाएँ।

यदि आप ऐसा ज्ञान चाहते हैं, जो सामान्य ज्ञान के परे हो, जो हर समस्या का समाधान हो, जो सभी मान्यताओं से आपको मुक्त करे, जो आपको ईश्वर का साक्षात्कार कराए, जो आपको सत्य पर स्थापित करे तो समय आ गया है

तेजज्ञान को जानने का। समय आ गया है शब्दोंवाले सामान्य ज्ञान से उठकर तेजज्ञान का अनुभव करने का।

अब तक अध्यात्म के अनेक मार्ग बताए गए हैं। जैसे : जप, तप, मंत्र, तंत्र, कर्म, भाग्य, ध्यान, ज्ञान, योग और भक्ति आदि। इन मार्गों के अंत में जो समझ, जो बोध प्राप्त होता है, वह एक ही है। सत्य के हर खोजी को अंत में एक ही समझ मिलती है और इस समझ को सुनकर भी प्राप्त किया जा सकता है। उसी समझ को सुनना यानी तेजज्ञान प्राप्त करना है। तेजज्ञान के श्रवण से सत्य का साक्षात्कार होता है, ईश्वर का अनुभव होता है। यही तेजज्ञान सरश्री महाआसमानी शिविर में प्रदान करते हैं।

महाआसमानी शिविर

यदि आपके पास सत्य प्राप्त करने की आकांक्षा अथवा इच्छा है तो महाआसमानी शिविर में आपका स्वागत है, जहाँ इस समझ में आपको सहभागी बनाया जाएगा। इस शिविर में भाग लेने के लिए आपको कुछ ख़ास माँगें पूरी करनी हैं। जैसे :

1. आपको सत्य-स्थापना शिविर में भाग लेना होगा, जहाँ आप सीखेंगे – वर्तमान के हर पल को कैसे जिया जाए और निर्विचार दशा में कैसे प्रवेश पाएँ।

2. आपको कुछ प्राथमिक प्रवचनों में उपस्थित होना है, जहाँ आप उस समझ को आत्मसात करते हैं, जो आपने सत्य-स्थापना शिविर में प्राप्त की है और तब आप महाआसमानी शिविर के लिए तैयार होते हैं।

महाआसमानी शिविर में असली अध्यात्म और सीधा सत्य तीन भागों में बताया जाता है :

1. हर वर्तमान पल को जीना, वर्तमान यानी न भूत का बोझ, न भविष्य की चिंता।

2. 'मैं कौन हूँ', यह अपने ही अनुभवों से जानना।

3. स्वबोध की अवस्था में स्थापित होना। यह शिविर सरश्री की शिक्षाओं पर आधारित है।

स्वबोध यानी 'जो आप वास्तव में हैं' को जानने के लिए आए हुए सभी लक्षार्थियों के लिए यह महाआसमानी शिविर है। यह शिविर साल में तीन या चार बार आयोजित होता है, जिसका लाभ हज़ारों खोजी उठाते हैं।

यह शिविर चेतना की दौलत बढ़ाने के लिए तथा अंतिम सफलता पाने के लिए सत्य के हर खोजी के लिए अनिवार्य है। महाआसमानी शिविर में ईश्वरीय ज्ञान प्राप्ति (सेल्फ़ रियलाइजेशन) के बाद आप वह नहीं रह जाएँगे, जो आज आप हैं। आप नक़ली आनंद से दूर, असली आनंद के मार्ग पर चलने लगेंगे।

महाआसमानी ज्ञान पाने की तैयारी हर खोजी अपने नज़दीक के तेजस्थान पर कर सकता है। आप महाआसमानी शिविर की तैयारी फ़ाउण्डेशन में उपलब्ध पुस्तकों, सी.डी. और कैसेट को सुनकर भी कर सकते हैं। इसके अलावा आप टी.वी. और रेडियो पर सरश्री के प्रवचनों का लाभ भी ले सकते हैं मगर याद रहे, ये पुस्तकें, कैसेट, टी.वी. व रेडियो के प्रवचन शिविर का परिचय मात्र है, तेजज्ञान नहीं। आप महाआसमानी शिविर में भाग लेकर तेजज्ञान का आनंद ले सकते हैं।

मैं कौन हूँ? मैं यहाँ क्यों हूँ? मोक्ष का अर्थ क्या है? क्या इसी जन्म में मोक्ष प्राप्ति संभव है? यदि ये सवाल आपके अंदर हैं तो यह शिविर उसका जवाब है।

महाआसमानी शिविर आपके जीवन का लक्ष्य है क्योंकि यह शिविर आपको भयमुक्त और तनावमुक्त जीवन देता है, दुःख से मुक्त और दुःखी से भी मुक्ति देता है, सभी समस्याओं का समाधान करता है, आपको नकारात्मक विचारों से निकालकर आत्मसाक्षात्कार कराता है तथा सीधा, सरल, शक्तिशाली और समृद्ध जीवन देता है।

महाआसमानी शिविर की तैयारी नीचे दिए गए स्थानों पर कराई जाती है। पुणे, मुंबई, दिल्ली, सांगली, कोपरगांव, बार्शी, सातारा, जलगांव, अहमदाबाद, कोल्हापुर, नासिक, अहमदनगर, औरंगाबाद, सूरत, बरोड़ा, बारामती, मालेगांव, नागपुर, हैदराबाद, भोपाल, रायपुर, चेन्नई।

इस महाआसमानी शिविर में भाग लेकर आप अपनी सत्य की खोज पूर्ण कर सकते हैं। इस शिविर के लिए भोजन और रहने की व्यवस्था की जाती है।

यदि आपको कोई शारीरिक बीमारी है और आप नियमित रूप से उसके लिए दवाई ले रहे हों तो कृपया अपनी दवाइयाँ साथ में लेकर आएँ। वातावरण अनुसार गरम कपड़े, स्वेटर, ब्लैंकेट आदि भी लाएँ।

महाआसमानी शिविर में भाग लेने के लिए संपर्क स्थान

पुणे सेंटर : विक्रांत कॉम्प्लेक्स, तपोवन मंदिर के नज़दीक, पिंपरी, पुणे–411017।
आगामी महाआसमानी शिविर में अपना स्थान आरक्षित करने के लिए संपर्क करें:
020-67097700/ 09921008060/75, 9011013208

महाआसमानी शिविर स्थान

महाआसमानी महानिवासी शिविर 'मनन आश्रम' पर आयोजित किया जाता है। यह आश्रम पुणे शहर के बाहरी क्षेत्र में पहाड़ों और निसर्ग के असीम सौंदर्य के बीच बसा हुआ है। इस आश्रम में पुरुषों और महिलाओं के लिए अलग-अलग, कुल मिलाकर 600 लोगों के रहने की व्यवस्था है। यह आश्रम पुणे शहर से 17 किलोमीटर की दूरी पर है। हवाई अड्डा, हाइवे और रेल्वे से पुणे आसानी से आ–जा सकते हैं।

मनन आश्रम, पुणे, सर्वे नं. 43, सनस नगर, नांदोशी गांव, किरकट वाडी फाटा,
तहसील – हवेली, जिला : पुणे – 411024।
फ़ोन : 09921008060

पुस्तकें प्राप्त करने के लिए नीचे दिए गए पते पर मनीऑर्डर द्वारा पुस्तक का मूल्य भेज सकते हैं। पुस्तकें रजिस्टर्ड, कुरियर अथवा वी.पी.पी. द्वारा भेजी जाती हैं। इसके लिए नीचे दिए गए पते पर संपर्क करें।

तेजज्ञान ग्लोबल फ़ाउण्डेशन, पिंपरी कॉलनी, पोस्ट ऑफ़िस बॉक्स 25, पिंपरी। पुणे – 411017 (महाराष्ट्र) मो.: 09011013210।

आप ऑन-लाइन शॉपिंग द्वारा भी पुस्तकों का ऑर्डर दे सकते हैं।

लॉग इन करें – www.gethappythoughts.org

पुस्तकें मँगवाने पर डाक-व्यय की छूट है और 4 से अधिक पुस्तकें मँगवाने पर डाक-व्यय के साथ 10% की भी छूट है।

विचार नियम

आपकी क़ामयाबी का रहस्य

द पॉवर ऑफ़ हॅपी थॉट्स

Pages - 200

Price - 150/-

हम सभी आंतरिक शांति को तलाश रहे हैं

हम अपने जीवन में आंतरिक शांति और स्थायी पूर्णता की चाहत रखते हैं। साथ ही हमें बेशर्त प्रेम और आनंद की तलाश रहती है। परंतु यह संभव नहीं लगता क्योंकि रोज़मर्रा के जीवन में चुनौतियों में हम उलझकर रह जाते हैं।

हम सभी सांसारिक सफलता पाने की चाहत रखते हैं

हम सभी संपन्न जीवन का आनंद लेना चाहते हैं। एक ऐसा जीवन जहाँ रिश्तों में भरपूर ताल-मेल और अपनापन हो, आर्थिक स्वतंत्रता हो और उत्तम स्वास्थ्य हो।

हम सभी अपने काम में रचनात्मक और उत्पादक बनकर सर्वोत्तम परिणाम हासिल करने की चाह रखते हैं। लेकिन ये सब हासिल करने की क़ीमत हमें अपनी आंतरिक शांति खोकर चुकानी पड़ती है...

ख़ुशख़बरी यह है कि अब हमें दोनों प्राप्त हो सकते हैं! 'विचार नियम' पुस्तक के ज़रिए –

- अपने आंतरिक और बाहरी जीवन में ताल-मेल बिठाएँ।
- अपनी इच्छानुसार शांत और स्थिर महसूस करें।
- विचारों के पार जाकर अपने 'असली अस्तित्व' को पहचानें, जो आपकी मूल अवस्था है।
- विचार नियमों को अपने जीवन में उतारें ताकि आप अपनी उच्चतम संभावना की ओर सहजता से आगे बढ़ पाएँ।
- मौनायाम की अवस्था में रहकर प्रेम, आनंद, करुणा, भरपूरता व रचनात्मकता जैसे गुणों को अपने अंदर से प्रकट होने का मौका दें।

आइए, बीस लाख से भी अधिक पाठकों के समूह में शामिल हो जाएँ, जिन्होंने विचारों के 7 शक्तिशाली नियमों तथा मंत्रों द्वारा आंतरिक शांति और सफलता हासिल की है।

'यह पुस्तक इंसानियत के लिए है। अगर आप एक अच्छे इंसान हैं तो इंसानियत के नाते आपको यह पुस्तक पढ़ना चाहिए, इसमें बताए गए मार्ग पर चलना चाहिए और इसके बारे में दूसरों को भी जागरूक करना चाहिए।'

– शाहरुख़ ख़ान, 'विचार नियम' पुस्तक का लोकार्पण करते हुए

विकास नियम

आत्मविकास द्वारा संतुष्टि पाने का राज़

Pages - 176

Price - 100/-

विकास नियम हमारे चारों ओर काम कर रहा है। फिर चाहे वह शरीर का विकास हो, बुद्धि का विकास हो, शहर या देश का विकास हो। यह नियम तो एक बुनियादी नियम है; यह पूर्णता की चाहत है। आइए, इस पुस्तक द्वारा विकास नियम को अपना आदर्श बना दें और विकास की नई ऊँचाइयों को छू लें।

विकास नियम हर इंसान और वस्तु में छिपी संभावनाओं को प्रकट करने का नियम है। यह आपकी संपूर्ण संतुष्टि की चाहत को पूरा करता है। इस नियम के ज़रिए जान लें जो अब आपके सामने है :

- विकास नियम का महा मंत्र क्या है?

- विकास की शुरुआत कैसे और कहाँ से करें?

- विकास का विकल्प कैसे चुनें?

- विकास पर सदा अपनी नज़र कैसे टिकाए रखें?

- आत्मविकास के स्वामी कैसे बनें?

- इंसान की अंतिम विकास अवस्था क्या है?

- स्वयं को और अपने मन की जमाई सोच को कैसे जानें?

विकास नियम के पन्नों में छिपे हैं, ऐसे कई सवालों के सरल जवाब, जिन्हें पढ़ना शुरू करें आज से, याद से...।

अवचेतन मन की शक्ति के पीछे आत्मबल

मन का प्रशिक्षण और पाँच शक्तियाँ

Pages - 184

Price - 100/-

अवचेतन मन किसी अजूबे से कम नहीं। उसे सही प्रशिक्षण दिया जाए तो वह आपके जीवन में अनोखे चमत्कार कर सकता है। पर क्या आप जानते हैं कि मानव जन्म का लक्ष्य क्या है? यदि नहीं तो आपको इस पुस्तक की ज़रूरत है। यह पुस्तक अवचेतन मन की शक्तियों के साथ-साथ आपकी आगे की संभावनाओं पर भी रोशनी डालती है। इस पुस्तक में आप पढ़ेंगे :

- अवचेतन मन को प्रशिक्षित क्यों और कैसे किया जाए?

- इस मन के पार कौन सी 5 शक्तियाँ हैं जो आत्मबल प्रदान करती हैं?

- अपने इमोशन्स को कैसे संभाला जाए?

- अपनी ऊर्जा को एकत्रित क्यों और कैसे किया जाए?

- आत्मबल से पहाड़ जैसे लक्ष्य को कैसे हासिल किया जाए?

- आपकी सही उपस्थिति चमत्कार कैसे करे?

- फल के प्रति उदासीन रहने के क्या फ़ायदे हैं?

- सहनशीलता, धैर्य और अनुशासन जैसे गुण स्वयं में कैसे लाएँ?

- अवचेतन मन की 7 शक्तियों का सार क्या है?

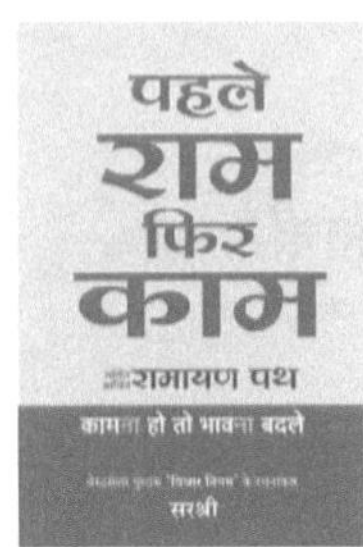

पहले राम फिर काम

भक्ति शक्ति रामायण पथ

Pages - 168

Price - 100/-

हर इंसान का जीवन जिस महान सूत्र पर आधारित होना चाहिए, वह है – पहले राम, फिर काम। इसी सूत्र को पकड़कर भरत ने अयोध्या का राज–काज सँभाला। लक्ष्मण हर पल श्रीराम की सेवा में रहे और हनुमान ने तो समुंदर पार करने से लेकर लंका दहन, संजीवनी पर्वत लाने जैसे अनेक दुर्लभ कार्य कर दिखाए।

तो आइए, हम भी अपने भीतर स्थित प्रेम, कर्म भावना और वासना की पहचान पाकर, जान लें –

- हमारे भीतर राम कौन है और रावण कौन है?

- हर काम से भी पहले करने योग्य वह प्रथम काम कौन सा है, जिसे करने के बाद आगे के सभी काम सफल होते हैं?

- अपनी कामनाओं के पीछे की भावनाएँ क्यों बदलना ज़रूरी है?

- प्रेम, काम और वासना क्या है, ये एक दूसरे से किस प्रकार भिन्न हैं?

- अपनी और दूसरों की चेतना का स्तर कैसे बढ़ाएँ?

- चरित्र की नींव मजबूत कैसे करें?

- भक्ति में आनेवाली रुकावटों को कैसे हटाएँ ?

- क्रोध पर विजय क्यों प्राप्त करें?

- संवादों की शक्ति का सही इस्तेमाल कैसे करें?

यह पुस्तक रामकथा की सभी बारीकियों, उसमें छिपी अनमोल सीखों को प्रकाशित करने में पूरी तरह सक्षम है। इसे पढ़कर आप निश्चय ही कह उठेंगे – 'इस बात का यह अर्थ है, ऐसा तो मैंने कभी सोचा ही न था..!'

सरश्री को सुनें

सोमवार से शनिवार शाम 6:35 से 6:55

और रविवार शाम 8:10 से 8:30

हर मंगलवार, शुक्रवार, शनिवार, रविवार सुबह 9:15 बजे रेडियो विविध भारती, एफ़. एम. पुणे पर 'तेजविकास मंत्र'

हर शनिवार सुबह 8:55 बजे रेडियो एम. डब्ल्यू. पुणे, तेजज्ञान इनर पीस ऐंड ब्यूटी कार्यक्रम

नोट : उपरोक्त कार्यक्रमों के समय बदल सकते हैं इसलिए समय पुष्टि करें।

तेजज्ञान इंटरनेट रेडियो

24 घंटे और 365 दिन सरश्री के प्रवचन और भजनों का लाभ लें, तेजज्ञान इंटरनेट रेडियो द्वारा। देखें लिंक :

http://www.tejgyan.org/internetradio.aspx

तेज़ज्ञान फ़ाउण्डेशन – मुख्य शाखाएँ
पुणे (रजिस्टर्ड ऑफ़िस)
विक्रांत कॉम्प्लेक्स, तपोवन मंदिर के नज़दीक,
पिंपरी, पुणे–411 017.
फ़ोन : 020–27411240, 27412576
मनन आश्रम
सर्वे नं. 43, सनस नगर, नांदोशी गाँव,
किरकटवाडी फाटा, तहसील – हवेली,
जिला– पुणे – 411 024. फ़ोन : 09921008060

e-book
'The Source', 'Complete Meditation'
& 'Self Encounter' ebooks available on Kindle

Free apps
U R Meditation & Tejgyan Internet Radio on all platforms like
Android, iPhone, iPad and Amazon

e-magazine
'Yogya Aarogya' & 'Drushtilakshya'
emagazines available on www.magzter.com

e-mail
mail@tejgyan.com

website
www.tejgyan.org, www.gethappythoughts.org

– नम्र निवेदन –
विश्व शांति के लिए लाखों लोग प्रतिदिन
सुबह और रात 9 बजकर 9 मिनट पर प्रार्थना करते हैं।
कृपया आप भी इसमें शामिल हो जाएँ।